U0526248

[美] 帕特里克·兰西奥尼（Patrick Lencioni） 著

《纽约时报》畅销书作者

员工敬业的真相
提高工作满意度的三个黄金法则

THE
TRUTH ABOUT
EMPLOYEE
ENGAGEMENT

A FABLE ABOUT ADDRESSING THE
THREE ROOT CAUSES OF JOB MISERY

方 胜 译

电子工业出版社
Publishing House of Electronics Industry
北京·BEIJING

The Truth About Employee Engagement A Fable About Addressing the Three Root Causes of Job Misery by Patrick Lencioni
ISBN: 9781119237983
Copyright © 2007 by Patrick Lencioni.
All Rights Reserved. This translation published under license with the original publisher John Wiley & Sons, Inc. Copies of this book sold without a Wiley sticker on the cover are unauthorized and illegal.
Simplified Chinese translation edition copyrights © 2023 by Publishing House of Electronics Industry Co., Ltd.

本书中文简体字版经由John Wiley & Sons, Inc.授权电子工业出版社独家出版发行。未经书面许可，不得以任何方式抄袭、复制或节录本书中的任何内容。若此书出售时封面没有Wiley的标签，则此书是未经授权且非法的。

版权贸易合同登记号　图字：01-2023-4879

图书在版编目（CIP）数据

员工敬业的真相：提高工作满意度的三个黄金法则 /（美）帕特里克·兰西奥尼（Patrick Lencioni）著；方胜译. —北京：电子工业出版社，2024.3
书名原文：The Truth About Employee Engagement: A Fable About Addressing the Three Root Causes of Job Misery
ISBN 978-7-121-47337-1

Ⅰ.①员… Ⅱ.①帕… ②方… Ⅲ.①工作人员—工作状态—研究 Ⅳ.①F243

中国国家版本馆CIP数据核字（2024）第043499号

责任编辑：杨洪军
印　　刷：河北迅捷佳彩印刷有限公司
装　　订：河北迅捷佳彩印刷有限公司
出版发行：电子工业出版社
　　　　　北京市海淀区万寿路173信箱　邮编　100036
开　　本：880×1230　1/32　印张：8　字数：230.4千字
版　　次：2024年3月第1版
印　　次：2024年3月第1次印刷
定　　价：78.00元

凡所购买电子工业出版社图书有缺损问题，请向购买书店调换。若书店售缺，请与本社发行部联系，联系及邮购电话：（010）88254888，88258888。
质量投诉请发邮件至zlts@phei.com.cn，盗版侵权举报请发邮件至dbqq@phei.com.cn。
本书咨询联系方式：（010）88254199，sjb@phei.com.cn。

献给我的孩子，迈克尔、凯西、康纳和马修
愿你们每个人都拥有志向远大的人生，
在工作中实现自我价值。

帕特里克·兰西奥尼的其他著作

《CEO 的五大诱惑》（*The Five Temptations of a CEO*）

《CEO 的四大迷思》
（*The Four Obsessions of an Extraordinary Executive*）

《团队协作的五大障碍》（*The Five Dysfunctions of a Team*）

《别被会议累死》（*Death by Meeting*）

《打破部门壁垒》（*Silos, Politics, and Turf Wars*）

《职业家庭的三大问题》
（*The Three Big Questions for a Frantic Family*）

《示人以真》（*Getting Naked*）

《优势》（*The Advantage*）

《克服团队协作的五种障碍（领导者、经理人、培训师实用指南）》
（*Overcoming the Five Dysfunctions of a Team*）

《理想的团队成员》（*The Ideal Team Player*）

《动机》（*The Motive*）

《六大工作天赋》（*The Six Types of Working Genius：A Better Way to Understand Your Gifts, Your Work, and Your Team*）

推荐序

这是一本实用性很强的关于员工敬业度的管理方法论图书。我必须承认，我是一口气读完的。在此之前，我不知道管理类的书还可以用这样的方式来表达。书中并没有什么深奥晦涩的理论，而用了一个情节跌宕起伏的寓言故事，通过主人公布莱恩·贝利——一位资深职业经理人的亲身经历，以简单质朴的语言引导读者一步步了解造成工作之痛的根本原因，让读者在欣赏故事的同时，自然而然联想到自己在工作中是否也面临着类似的问题，以及该怎样去解决这些问题。读着读着你会发现，那些在自己实际工作中遇到的困境竟然不知不觉就有了答案，豁然开朗。而这也正是这本书的价值所在。

毫无疑问，当拥有高敬业度时，员工会在工作中享受到工作带给他们的愉悦感，个人能力得到充分的释放，他们的主观能动性被充分调动，并激发出他们更大的潜能，这不仅能够帮助公司提升绩效，也能帮助员工提升自身的能力。公司若想持续增长，就必须高度重视员工的敬业度问题。可以说，员工的敬业度问题，一直是公司领导者关注且迫切想要解决的问题。遗憾的是，他们中的大多数不知道自己能做些什么来帮助公司解决员工的工作之痛。常常听到身边一些公司的领导者、管理者抱怨：员工不把公司的工作当成自己的事做、出工不出力、做事拖拉应付、执行力差、上班"摸鱼"、缺少敬业精神、现在的员工太不敬业了……这足以说明众多公司都在被员工的工作之痛所困扰。

作为有10多年上市公司高层经历的公司领导者，我身边有很多公司的领导者、管理者，他们只关注员工的工作表现和绩效，在他们看来，员工应该把公司的事当成自己的事来做，应该为完成工作任务而全力以赴……应该这样，应该那样，这才是敬业精神。我想，这只是公司领导者和管理者一厢情愿或者自作多情的想法而已。作为公司领导者，如果无法让员工认为自己在工作中所做的事情有价值，员工就不可能热爱自己的工作；如果无法让员工认识到自己的工作对他人有意义，员工就不可能在自己的工作中持续获得满足感；如果不能让员工对自己的工作进行有形的评价，员工就不可能通过努力工作来掌控自己的命运。以上这些问题都可以在这本书中一一得到答案。

我相信，无论你是公司领导者，还是管理者，抑或是普通员工，都能在这本书里得到启示。如果你是公司领导者或管理者，这本书可以帮助你了解员工工作之痛的根本原因，并找到适合自己公司实际的解决员工工作之痛的有效策略，帮助你的员工减少工作带来的痛苦，提高员工的积极性。如果你是普通员工，这本书可以帮助你采取积极有效的行动来提高你工作的趣味性，避免自己陷入工作的痛苦之中，并从工作中获得愉悦和满足。

我很高兴向广大读者推荐方胜的这本译作，是他将这本非常实用的管理方法论引入中国。他本人也从事组织健康顾问和公司文化设计辅导工作，我总是能够感受到他的实践精神和对理想的执着追求，感受到他对这份工作的热情以及发自内心的喜悦。希望这本书能帮助更多的企业界朋友了解"员工敬业的真相"，让自己的管理能力及公司发展更上一层楼。

吴远亮

著名企业家、学者

《经济晚报》创始社长、总编辑

历任深圳市庐山大厦实业发展公司董事长、总经理，

深圳市东方银座集团副总裁，

上市公司深圳市同洲电子副董事长、代董事长

译者序

我一直从事组织健康顾问和公司文化设计辅导工作,对各类公司中的各级员工都有接触。一说到员工敬业度,许多人自然把敬业度与工作的好坏和薪酬的多少联系起来。不可否认,从事琐碎、无聊且低薪的工作,的确是一种很糟糕的职场体验。但奇怪的是,很多公司高管从事着令人羡慕的工作、拿着高额薪水,他们之中很多都受到过良好的教育,也基于自己的兴趣和爱好选择了职业,却依然对自己的工作缺乏热情,甚至害怕上班。而与之截然相反,有些基层员工,他们从事的工作显然没有那些高管优越,他们没有受到过什么良好的教育,这些工作也并非他们的兴趣或爱好,然而他们的工作积极性却非常高。由此可见,工作令人痛苦这个问题,未必与实际的工作内容有关。在我的职业生涯中,我接触了各类公司的各个层级,发现无论是领导者,还是高层管理者,抑或是基层员工,在他们身上都存在着工作之痛的问题。

仔细想一想,我们会发现,当我们刚刚踏入一个新的工作岗位的时候,总是对未来充满希望和憧憬,对即将开始的职业生涯充满好奇和兴奋,因为我们充分相信只要自己在工作中付出努力和汗水,就一定能为自己赢得一个美好的未来。但随着时间的推移,我们慢慢感觉到,其实自己并不真心热爱这份工作,对每天的工作内容也毫无兴趣，甚至讨厌、麻木。即使工作换了一轮又一轮，情况却始终如此。

美国盖洛普公司在2012年对全球142个国家和地区的员工进行了敬业度调查，结果显示，世界上仅有13%的员工称得上敬业，而87%的员工在工作上并不怎么投入，其中对工作漠不关心的人占了63%，24%的员工处于最糟糕的怠工状态。中国的数据更差，属于最不敬业的国家之一，仅有6%的员工工作算得上敬业，怠工员工的比例高达26%。这意味着只有极少数人对自己的工作充满热情，绝大部分人基本上每天上班"摸鱼"，有些人不仅讨厌自己的工作，甚至暗中破坏同事的工作成果，以发泄心中不快。

调查结果比较真实地表达了中国就业者的心态，也在很大程度上表明了大多数人已经或者正在经历工作之痛。伴随工作之痛而来的，就是个人和公司付出的代价。工作之痛造成的损失，无论是从经济角度还是从员工自身来讲，都是巨大的。从事一份令人痛苦的工作的员工，他们的负面情绪必然给身边的人带来更多的压力和紧张，时间长了，身边人的情绪和心理健康会受到很大影响。同时，员工对工作的消极懈怠，毫无疑问会影响公司盈利。

杰克·韦尔奇指出："衡量一个公司的稳健性有三个指标，分别是现金流、客户忠诚度和员工敬业度。"员工敬业度与一个公司的生存发展息息相关，高敬业度的员工会带来客户忠诚度和重复购买率的提升，会带来公司的效益增长。提升员工敬业度有利于改进公司短板，挖掘公司内部资源，最终达到公司和员工的双赢。因此，营造一种全体员工呈现高敬业度的文化氛围，非常迫切。

假如存在一个有效的解决方法，在不需要任何直接成本的情况下，这个方法能够为员工与管理者带来几乎立竿见影的效果，令公司产生强大而独特的竞争优势，这是所有公司都愿意看到的。

　　这本书的作者兰西奥尼先生延续了自己一贯的创作风格，通过一个寓言故事，以简单直白的语言、独特的视角和深入的洞察力，引导读者一步步了解造成工作之痛的背后问题。故事情节跌宕起伏，扣人心弦，场景代入感极强，让读者在欣赏故事的同时，也深深地反思自己在工作中是否也面临着类似的困境。

　　在故事中，作者清晰地指出了工作之痛的三个根源：在工作中被无视或忽视、不知道所做工作的价值或意义、工作业绩无法量化测评。

　　我必须承认，这三个根本原因的确太简单了，一点都不难理解，而且显而易见。不可否认，看起来似乎很轻易就能解决其中涉及的问题，但让人遗憾的是，实际上很多公司的管理者都严重忽视了它们的存在。即使如此简单，为什么有那么多管理者不能做些什么来杜绝自己员工的工作出现这三个问题呢？又是什么原因导致我们一直没能让公司实现员工高敬业度的状态和成就呢？有太多管理者未能把这些想法付诸实践，因而导致太多员工长期在痛苦的岗位上饱受煎熬。正如作者所言，也许眼下急需的，恰恰是简单和直白的方法。

　　这本书的一大亮点是对公司的每个层级都适用，而且从不同层级的角度给出了清晰的建议和策略。希望中文版在国内的发行，能帮助更多公司解决工作之痛的问题，每个公司都能够通过这本书找到解决工作之痛的方法，为员工创造更加愉快、充实和有意义的工作环境。

　　参与本书翻译的人员包括刘艳霞、王素杰、刘福合。

方胜

译者简介

方胜 组织健康咨询顾问。目前专职从事组织健康企业顾问及企业文化设计辅导工作，是AACTP（美国培训认证协会）国际认证行动学习促动师、美国Table Group版权课程"克服团队协作的五种障碍"国际认证导师、瑞士The Culture Institute版权课程"企业文化设计"首批国际认证导师、人力资源和社会保障部认证高级企业教练、深圳草图管理顾问创始人。

前　言

"工作"这个话题总是让我着迷。我不得不承认，对于工作这个话题，有时候我有着一种近乎病态的迷恋。

还记得当年我还是小孩子的时候，听说爸爸他们这样的成年人，每天要在自己的单位工作8小时，甚至更长时间。这令我非常震惊，且深感不安。他们工作的时间比我上学的时间还要长，那时，每天要在学校待那么久，已经让我无法忍受。

后来我听说，许多成年人并非真正热爱自己所从事的工作，对此我大为惊讶。为什么人们要远离亲朋好友，去做自己根本不喜欢的事情？而且一做就是一整天？这太让我难以理解了。我想，那时候我应该很害怕，怕自己有一天也会陷入同样的困境。

13岁时，我开始打工赚零花钱，自那以后，我对工作的好奇心与兴奋感更与日俱增。有一阵，我在一家大型餐厅做勤杂工，跟一群服务员、洗碗工、厨师、收银员共事，他们大多是全职员工。后来，大学暑假期间，我在银行当出纳，身边的同事也都是全职员工。在做这两份兼职时，我总是很好奇我的同事是否热爱自己的工作。逐渐地，我得出了这个必然的结论：他们之中的很多人，并不真心热爱自己的工作。

为什么会这样？在之后很长一段时间内，我一直想不通这一点。

大学毕业之后,我找到了第一份全职工作:管理咨询。那时,我对工作的痴迷程度到达了一个全新的境界。我了解到,并且亲身体验到一个叫作"周日忧郁症"的东西。

"周日忧郁症"是指在周末即将结束、许多人一想到要在第二天返回工作岗位时,内心产生的一种恐惧和沮丧的可怕感觉。我必须承认,在我职业生涯的早期,有些时候,甚至在周六晚上,我就已经开始受到"周日忧郁症"的困扰。

然而,让我困惑不解的,其实并不是我对于周一要回公司上班的恐惧,而是我不知道我的恐惧因何而来。我觉得我没有任何理由讨厌那份工作。毕竟,我做的是一份众人艳羡的高薪工作,大学同学没有几个人比得上。我并不是在餐厅后厨把客户吃剩的食物残渣丢到又脏又臭的厨余垃圾桶里,也不是一个人在银行金库里,驼着背、低着头清点一摞又一摞的票据。事实上,当时我对自己所从事的工作很感兴趣,而且我的办公室非常高档气派,窗外就是旧金山海湾摄人心魄的旖旎美景。夫复何求?

就是在那时,我恍然大悟,"周日忧郁症"这个病,其实毫无道理可言。

各位,在那之前,我一直相信,只要找到合适的工作,一个人对职场的不满情绪自然便会荡然无存。在乏味的环境中从事琐碎、无聊的低薪工作,的确是太糟糕的职场体验。因此我认为,找到工作积极性和充实感的秘诀非常简单,那就是,找到趣味性高且薪资丰厚的办公室工作。然而,后来,在我如愿换了岗位之后,我仍然痛苦不堪。这让我感到非常困惑,难道是因为我并不是真心热爱咨询行业?

所以我转了行,然而,我的快乐指数一如从前那样低。

就这样，我自己设想的所谓的工作满意度理论迅速瓦解，尤其是后来我遇到越来越多的人，他们像我一样，从事着令人艳羡的工作，然而他们却害怕上班。他们之中，有工程师、管理人员和教师，他们都受到过良好的教育，并且基于自己的兴趣和爱好选择了职业。然而毫无疑问，他们正承受着工作之痛。

同时，我也遇到了另一群人，他们的经历否定了我的观点，令我的理论完全垮塌。这群人从事的工作似乎没什么特别，他们之中有园艺师、餐厅服务员，也有客房服务员，然而他们的工作积极性却非常高。显然，"员工敬业度"这个东西，并没有我以为的那么简单。于是我想弄明白它到底是怎么回事，这样我就能终结因工作而产生痛苦这样的悲剧。这是我自己的悲剧，也是很多人的悲剧。

称之为悲剧，我一点儿都没有夸大其词。

在这个世界上，有很多人每天承受着工作带来的艰难困苦，这种感觉着实让人受伤。试想一下，这些人每天一大早离开家人，步履艰难地奔赴工作地点，而这一天的工作只会让他们更加苦闷、恼怒和沮丧。假以时日，这种沉闷的痛苦会逐渐侵蚀他们中的每个人，即便拥有最强大自信的人也会降低他们原有的生命热情，甚至进一步影响到他们的配偶、子女和朋友。这种影响是轻微的，但是深远的。当然，有时这种影响绝非轻微，而可能导致重度抑郁、药物滥用和酗酒，甚至职场暴力和家庭暴力。

不可否认，这种现象除了给个人带来苦痛外，对公司的影响也是巨大的。尽管难以量化，但是员工缺乏工作积极性对公司的生产力、跳槽率和工作士气有直接影响，因此最终会严重影响公司的经济效益。

不过，这种现象造成如此严重的影响，实属不应该。因为其实存在一个有效的解决方法，只是这个方法至今少有人用。在不需要任何直接成本的情况下，这个方法能够为员工、管理者以及客户带来几乎立竿见影的效果，因此能令公司产生强大而独特的竞争优势。

只是我要澄清一点，第一眼看上去，我在书中提出的解决方法似乎极其简单和直白。我深知这一点，而且我必须承认，我对此有些许担忧。但是我知道有太多的管理者未能把这些想法付诸实践，因而导致太多员工长期在痛苦的岗位上饱受煎熬。由此我得出了一个结论：也许眼下急需的，恰恰是简单和直白的方法。实际上，我确信是这样。

正如18世纪知名作家塞缪尔·约翰逊曾写的："不必常教导，而应多提醒。"我真心希望这本小书能成为一个虽微小但有力量的读物，对读者能起到时常提醒的作用，帮助我的读者把老板的工作——抑或是自己的工作，做得更有乐趣、更有回报。

目　录

寓言　　//001

第一部分　担当管理者　　//003

第二部分　隐退的日子　　//016

第三部分　开展实验　　//052

第四部分　付诸实践　　//156

工作之痛模型　　//201

寓言

晴天霹雳

布莱恩·贝利做梦也想不到，有一天会发生这样的事。

布莱恩猜不到，在担任JMJ健身器材公司首席执行官的第17个年头，这一切会突然结束，而且是在19天之内全部结束。只用了19天，之前没有任何预警。

但就是这样匆匆结束了。尽管在经济上布莱恩收益颇丰，充分实现了经济自由，但他的生活像完全失去了目标一样，就像当年他从大学辍学之后的感觉。

当时他还不知道，后来的局面会变得更加糟糕，而且要糟糕得多——在最终变好之前。

第一部分

担当管理者

布莱恩·贝利

初入职场时，布莱恩·贝利得出了一个肯定的结论：他非常喜欢当管理者。

关于管理者这个职位的一切工作内容，都让他如此着迷——制定战略规划、完成财务预算、提出咨询建议、开展业绩评估等等。无论是哪一项事务，都让布莱恩产生一种感觉：自己是天生的管理者，就是为当管理者而生的。他的事业发展顺风顺水，前途光明。作为一名初出茅庐的管理者，他陆续体会到了越来越多的成功，他觉得自己放弃读大学的决定是绝对正确的，因为他的工作能力丝毫不逊色于那些曾经读过商学院的同事。

不过，对于辍学这件事，他其实并没有多少选择的余地。起初，布莱恩的家庭只能算是经济实力很一般的中产阶级。后来，他家在北加利福尼亚的贝利核桃园连续两年受到霜冻灾害影响，损失惨重，以至于家道中落。

布莱恩家共有五个孩子，作为长子和当时唯一有能力赚钱贴补家用的孩子，布莱恩觉得自己有责任不再消耗家里的资源。尽管当时他就读的圣玛丽学院愿意为他提供经济上的资助，但是如果他继续上学的话，家里的经济负担依然不轻。另外，考虑到自己修读的神学和心理学专业的就业前景，布莱恩想继续读书求学的心思更加淡了。

所以，在报纸上看到招聘车间生产线主管的广告之后，布莱恩决定小试牛刀。他如愿地当上了一家叫德尔蒙特包装厂的管理者。在接下来的两年时间里，布莱恩每天待在工厂里，确保员工把西红柿、绿豆角、什锦水果等食品高效地填塞到罐头瓶子里。

那时，布莱恩非常喜欢跟员工开玩笑说自己很想去参观某家"什锦水果农场"。

后来，布莱恩家的果园效益好转起来，家里的经济状况大为改善，布莱恩面临新的抉择。他可以选择重返校园完成学业，或者继续在德尔蒙特包装厂工作。他在工厂里做得很好，职位很快就得到了晋升，如果坚持下去，或许未来某一天他也能开办自己的加工厂。然而这两个选择，布莱恩哪个都没选，这让他的父母大为恼火。

年轻的布莱恩选择放纵自己的好奇心，所以他在旧金山湾区唯一的一家汽车制造厂找到了一份工作。在接下来的15年里，他得到了幸运之神的眷顾，辗转于这家汽车制造厂的制造部门、财务部门和运营部门，在职位的阶梯上不断向上攀登。

事业发展之外，他的婚姻按部就班，也很顺利。他和一位在高中时曾短暂约会过的女子结了婚。有趣的是，他的妻子也曾就读于圣玛丽学院，不过是在他辍学之后才入学的。他们搬到了一个虽小但不断发展的社区——普莱森顿，后来他们生儿育女，有了两个儿子和一个女儿。

35岁时，布莱恩已经身为那家汽车制造厂的副总裁，厂里的首席运营官是一位名叫凯瑟琳·佩特森的女性，她总是精力充沛、充满活力。

在双方熟悉之后，凯瑟琳对布莱恩大为赏识。虽然布莱恩学历不高，但是他拥有坚定的职业道德和强烈的求知欲，这让凯瑟琳颇为欣赏。为了能让布莱恩一直在自己手下做事，她好几次给布莱恩调动工作岗位。但是凯瑟琳很清楚，总有一天布莱恩会展翅高飞。

因缘际会

有一天，一位猎头朋友给凯瑟琳打来电话，询问她是否有兴趣去中央山谷地区一家规模相对较小的运动设备制造公司面试，职位是首席执行官。凯瑟琳本人拒绝了，但是她坚持让这位朋友向该公司推荐布莱恩。

看着布莱恩没有大学学历的求职简历，猎头说布莱恩根本没有可能得到这个职位，但是由于凯瑟琳一再坚持，猎头碍于情面，便同意给布莱恩安排一次面试的机会。面试结果让猎头大感意外。两周后，那家运动设备制造公司给猎头打来电话，跟他反馈说，布莱恩是"到目前为止最能胜任、最合适的人选"，公司决定聘请布莱恩。于是布莱恩就成了JMJ健身器材公司（以下简称JMJ公司）的首席执行官。

在面试过程中，以及在后来的共事相处中，布莱恩强大的沟通能力以及对他人的理解和共情能力，让JMJ公司的领导和同事印象深刻。无论跟来自任何行业、任何层级的人沟通，布莱恩都能做到得心应手、应对自如。无论是在工厂车间里，还是在董事会会议室里，不管身处何地，他展现出的沟通能力都令人折服。他具有一种把强大的个人能力和真诚的待人态度融为一体的特质，可以这么说，在全世界制造业的高管群体之中，这种特质极为罕见。

而布莱恩自己的感觉是，他像走进了一家糖果店的小孩儿，有机会从事自己喜欢的职业是他的运气。而这份运气也属于JMJ公司。

JMJ公司

　　JMJ公司坐落于加利福尼亚州的曼蒂卡，这里是一个农业小镇，位于旧金山东部60英里（约96.6千米）。公司比较年轻，在成立之后的前十年，公司依靠区域内价格相对低廉的劳动力和模仿其他更有创新能力的竞争对手公司，得以勉力维持生产和经营。不过，尽管公司努力经营，实现了微薄的利润，但是在这个相对碎片化的行业中，公司的市场份额不足4%，市场份额排名最高只排到第12位。

　　这时，公司的创始人兼首席执行官已无心在行业内继续深耕，他决定辞职，于是委托猎头代为寻找接班人。就这样，猎头找到了布莱恩。

　　在JMJ公司的第一年，布莱恩过得绝不轻松，因为公司遭遇了一场诉讼案件，案件虽然并不复杂，却颇为耗费精力。不过，所谓祸福相依，尴尬的处境正好为布莱恩带来了证明自己领导能力的第一次机会，并促使他带领公司做出战略性的调整。

　　在接下来的两年里，布莱恩着力于重新调整JMJ公司各项事务的定位。在外人看来，一个比较明显的转变就是，他把公司的战略重点几乎完全放在了公司客户身上，包括医院、酒店、大学以及健身俱乐部的客户。

　　布莱恩还为公司注入了一种新鲜的跨行业理念，他邀请来自其他行业的创意工程师和运动生理学家参与产品研发。这些举措的直接结果是，JMJ公司产品的售价上升了，而且令人难以置信的是，产品需求量也增加了。

然而，尽管上述举措非常重要，但是JMJ公司之所以能实现长期可持续的优良业绩，最重要的因素莫过于布莱恩为公司创建的公司文化。

和区域内大多数制造公司一样，JMJ公司也曾饱受离职率高、员工士气低下以及生产力不稳定的困扰，来自工会组织的压力虽然还谈不上到了严重的程度，却持续存在。布莱恩深知，要想在公司里进行改革，必须改变员工的工作状态。

仅仅两年之后，布莱恩和领导团队便把员工敬业度和员工士气提升到了令人难以想象的高水平。这家在中央山谷地区相对默默无闻的健身器材公司，凭借亮眼的职场满意度和员工保有率，一鸣惊人，一举拥有了知名度。后来，作为员工高度认可的"超棒公司"，JMJ公司赢得了一个又一个行业内奖项，奖杯多到连公司大厅内的玻璃陈列柜都摆不开。

每次被记者问到在员工满意度方面的成功秘诀时，布莱恩总会低调处理，他一般不会大谈自己如何作为，而会告诉记者，他只是用自己希望被对待的方式去对待下属。他说的是实情，他确实从来没有真正在公司里制定过具体、明确的方法或措施。

在公开场合，布莱恩从不炫耀自己对公司文化的提升做出的贡献。私下里，对于自己能够给予员工，尤其是给予那些处于劣势地位的员工经济回报高、满足感强的工作——这样的工作他们在其他地方找不到，布莱恩深感骄傲。这一点尤其让布莱恩感觉自己的工作意义重大。

也正是这个原因，卖掉公司的决定对于布莱恩来说，才会如此艰难。

骇人的消息

从经济方面看，JMJ公司保持着中等规模公司的最佳状态。在布莱恩的领导下，公司实现了第15个年头的业绩增长，已经摇身一变成为行业内稳居第三的公司，有时甚至能排到第二。公司没有负债，声誉良好，银行内储存着大量资金。不会有任何人相信这家私有公司会有经营风险。

然而没想到的是，有一天，风险真的来了。

《华尔街日报》刊登了那篇只有两个段落的文章，文章宣称耐克正在考虑进入体育运动设备行业。对于《华尔街日报》当天的大部分读者来说，这条新闻无足轻重，然而对于布莱恩来说，宛如惊雷。

两天之后，耐克公开宣布了有意收购的公司名字——佛雷斯。佛雷斯是JMJ公司最大的竞争对手。很快，在很多人还没有反应过来之前，数十年来一直独立经营的公司，纷纷在考虑即将被来自不同行业的、如今对运动设备市场产生兴趣的大品牌公司吞并的前景。对于布莱恩和JMJ公司的550名员工来说，被兼并只是时间早晚的问题。

公司兼并

读到《华尔街日报》那篇预测了自家公司命运的文章之后,没过几天,布莱恩和董事会成员得出一个结论:他们必须迅速将JMJ公司出手。这个结论让人一时难以接受。

尽管做出出售公司的决策非常艰难,但是布莱恩和公司无法承担任何其他可能性带来的后果。毕竟,布莱恩不想成为在音乐结束后,唯一还站在舞池中跳舞的那个人。他也不想看着自己和员工,看着所有持有公司股票的人,辛苦工作多年以后变得一无所有。所以他打电话给在旧金山一家投资银行工作的朋友,请他帮忙给自己挚爱的公司寻找一位买家。

实际上,里克·辛普森算不上很好的朋友,准确地讲,他算是一位旧相识。在圣玛丽学院读书时,他们曾在同一个公寓宿舍中同住过一年。虽然并非亲密好友,但是自那以后两人始终保持着联系。

在布莱恩看来,里克非常聪明,有时候特别幽默,但是他也非常傲慢和迟钝。不过不知何故,布莱恩始终对里克讨厌不起来。就像布莱恩向对此颇为困惑不解的妻子解释的那样,里克总是让人觉得越来越讨厌,讨厌到让人无法忍受,但在关键时刻,他总能做点儿什么好事,挽回点儿他人对他的好感。

尽管里克的性格有些古怪,但是他的事业平步青云,一帆风顺。他为自己赢得了国内"最优秀投资银行家"的名声。事实上,他确实已然成为行业内响当当的大人物。

对于布莱恩打给他的第一通电话,里克的回应一如往常般尖酸刻薄:"这么说,你在那个'养牛村'待够了是吧?"当然,他是在调侃。但是此刻,布莱恩可没心情开玩笑。

"嗯,实际上我住在湾区,每天通勤来这边上班。山谷这边也挺好的,但是我的确需要卖掉公司。"

"为什么呢?"

"我没有其他选择。耐克刚刚收购了佛雷斯,跟耐克这样营销能力超强的公司竞争,无异于以卵击石,我们会输得渣都不剩。"

"哦,这样啊。我好像也在什么地方读到过这条新闻。"里克像在办公桌上的报纸堆里搜寻着什么,"但是你们要这么快采取行动吗?"

"最终所有人都会出局,聪明的人往往率先行动。"

"你说得没错。那么,你想让我帮忙找买家,是吗?"

"是的。帮我找一个认为我的公司契合其发展战略,并且能明白我的公司特殊价值的公司。"

"是什么'特殊价值'?"里克如此发问,不是为了质疑布莱恩,而是想要了解详情。

"嗯,我们的市场份额大概在20%,这相当不错了。在一个相对碎片化的市场中,我们的实力不容小觑。根据不同标准进行的排名,我们能排第二或第三。"

里克没再说话。布莱恩能感觉得到,里克在记笔记,所以继续说道:"我们的资产负债表非常漂亮,我们的品牌名声良好。在未来五个季度内,我们的产品销售前景光明,公司还持有几个两三年后才到期的专利。"

"听起来不错。市场还在增长吗?"

布莱恩毫不犹豫，立刻回答了这个问题。他对这个行业了如指掌："预计明年增加9个百分点。不过我个人认为，明年我们公司的销量应该能增加近12个百分点。"

"听起来你在那个'养牛村'可是干了不少正经事儿。"

根据布莱恩对里克的了解，这听起来有嘲讽的意味，其实是想表达他的赞许之情。

"我们做得还行。对了，还有一点，我觉得未来的买家可能想知道。"在继续说下去之前，布莱恩停顿了片刻，因为他不想再被里克调侃，"我们公司的员工满意度是行业里最高的。事实上，在所有行业中，我们的员工满意度也都名列前茅。我们是美国50家员工满意度最高的中型公司之一。"

刚开始，里克没说话。然后，他在电话那头咯咯笑起来。

"那么说，我得把你公司的估价上调两三百美元。"

"这是什么意思？"

听到布莱恩说话的语气中流露出恼怒，里克赶紧收回来一点儿。

"我只是在开玩笑。这些年你在公司中兢兢业业地创建了一个优秀的公司文化。对此我毫不怀疑，也非常欣赏，我也一定会把这一点算入你的公司价值中。"说到这儿，里克缓了一下，"但是实话实说，我不认为你公司的文化会对公司售价产生什么大的影响。"

"嗯，应该能有些影响吧。"布莱恩知道自己的语气中流露着骄傲，也有些为自己辩解的意思，但是他无法控制。

里克说话一向直截了当："根据我的经验，确实不会有影响。我的意思是，当我考虑一家公司的价值时，我只想知道市场增速、市场份额以及市场份额是否有可能增长。对于那些看不见的东西，公司文化软实力之类的，没什么兴趣。因为如果这些东西真的重要，那么在资产报表上的数字中一定会有所体现。"

"那些看不见的东西"这话听起来让布莱恩非常不舒服。在那一瞬间，他差点儿想挂掉电话另寻他人。不过他忍住了，因为他知道如果那样做，会对自己公司不利。另外，在布莱恩大脑的某个黑暗的角落里，似乎有一个声音在跟他说："也许你的这位令人生厌的朋友的质疑是对的。"

于是，布莱恩深吸了一口气，说："你知道吗？里克，有时候你真的挺让人讨厌。"

里克大笑起来，说："但你是欣赏我的，不是吗？布莱恩，你知道吗？我会把你的公司卖个高价，没有人会比我更能帮你赚钱。"

布莱恩没有回应，于是里克以更加安慰性的口气说道："嘿，你别多想。我得告诉你，过去十多年来，我时常关注你和你的公司的发展，我对你这些年取得的成绩非常了解。其实，我家地下室里还放着一台你们公司生产的跑步机呢。"

布莱恩默默接受了对方委婉的道歉："好吧。这周晚些时候，找机会跟我说说你觉得我们应该做些什么准备。"

"那么周四我给你打电话吧。我现在马上着手办这个事，老朋友。"

说了再见之后，布莱恩挂掉了电话。这些年来，里克一点儿也没变，这真是不可思议。当然，自己也没有变——对这个家伙，他就是讨厌不起来。

尘埃落定

里克在周四打来了电话，布莱恩期待里克能取得一些进展。毕竟，里克是这个领域的佼佼者。但是让布莱恩完全没想到的是，里克居然已经为公司找到了一个买家，并且洽谈到一个非正式的估价范畴，这个估价超出了布莱恩的预期。

里克的战略是对谈判双方都利用"先行者优势"理论，里克很擅长运用这个理论。他说服潜在买家在其他意向买家报出更高价格之前，迅速行动。因此，潜在买家给的报价要比预计的高一些。同时，他鼓励布莱恩在其他竞争公司加入角逐之前迅速行动。如果其他竞争公司加入角逐，竞技场上必定会更加拥挤。在开放的市场上，公司的价值可能会被稀释。

于是，在接下来的十来天时间里，经过几轮电话洽谈、现场参观和谈判环节，布莱恩签署了文件，把公司控制权转让给了美国一家最大的医疗设备供应商。后来，布莱恩承认，自己根本就没有为签署文件带来的后果做好准备。

速撕创可贴

  JMJ公司的购买者非常熟悉公司兼并的游戏，在公司融合上，其高管团队采取了极端的进取性战略。他们的理念是，迅速行动，缩减过渡期。即使期间可能造成一些骚乱，也比拖延时间要好。如果拖得太久，则会让消极怠惰和恐惧占据人心。"就像要一下子把创可贴撕下来那样，一点儿一点儿撕不行。"签字的笔还在手中，买家公司的首席执行官就如此说道。

  按照买家的计划，JMJ公司的品牌名字立即被换下。客服接电话时自报家门的内容，办公楼前台的标志等等，全部进行了更换。在公司长期规划中变得无处容身的JMJ公司管理层也迅速被清除出去，其中当然也包括首席执行官。在签署合同之后，布莱恩只有七天时间跟自己的公司和相关的一切告别。

  在接下来的那周里，布莱恩出席了许多让人伤感动容的告别午宴和公司活动，这些活动标志着一个曾经独立经营的小公司的结束。尽管他对来自员工的感激和赏识的话语深表感激，尤其是那些自从在工厂工作后生活发生巨大变化的老员工对他的感谢，让他倍感欣慰和骄傲。但是这些活动太让人伤感，太消耗能量了。逐渐地，他有些不堪忍受，内心开始期待这一切赶快结束。

  最后，在一个下着雨的周五的晚上，看门人都已经回家的时间，布莱恩把办公室里的东西打包起来，最后一次迈出了办公大楼。为了不让眼泪流下来，他擦了擦眼睛，然后开车回家。未来的日子会如何，他一无所知。

第二部分

隐退的日子

休假

莱斯莉·贝利是与布莱恩相伴28年的伴侣,为了让布莱恩能够接受已经"无业可就"的事实,说服布莱恩离开家到某个地方彻底休息一两周。他们去了纳帕谷的一家小旅馆。

在最开始的两天半内,莱斯莉成功地做到了不让布莱恩谈论自己的未来,但是最终布莱恩还是让她破防了。那天,夫妻俩正在一家两人都非常喜欢的意大利餐厅吃甜品。

布莱恩开门见山地对妻子说:"很抱歉,莱斯莉。我不能再等下去了。"

一瞬间,莱斯莉被布莱恩这句话搞糊涂了:"等什么?"

"等着聊我工作的事儿。聊我接下来该做什么。"

莱斯莉哈哈大笑,开起了玩笑:"哦,我刚才还以为你说的是等不及给我钱呢!"

布莱恩故意一脸严肃地说:"咱们去银行吗?"

莱斯莉又笑了起来,说:"不着急。现在,我们聊聊你的工作好了。"

布莱恩停顿了一下,说:"对不起,本来这次旅行我们说好了不谈——"

莱斯莉打断了布莱恩,说:"没关系。我知道,从我们到这里起你就一直很难受,你已经尽力了。说出来吧。"

接下来,夫妻俩聊了两个多小时,直到勤杂工彬彬有礼地把他俩"请"出了空荡荡的餐厅。两人聊了布莱恩的当前状态和面临的选择。布莱恩已经感到焦虑了,怀疑自己的职业生涯是否一直在浪费时间。或许他应该立刻着手再找一份工作。他非常困惑。

过了一会儿,两人都意识到,他们的交流并不同频。逐渐地,两人的讨论变得很情绪化,而宣泄情感的那一个,却是莱斯莉。

"你听我说,过去15年来,我很少埋怨你。但是,你有多少次半夜才回家?这么多年你出了多少次差?在家接了多少次工作电话?别误会。我承认,你是一个优秀的父亲,但是孩子们的演奏会和球赛,你的确错过了很多很多次!"

莱斯莉的话让布莱恩非常恼怒。布莱恩虽然尽量让自己保持平静,但是语气中明显流露出沮丧和失落:"我觉得你这么说很不公平!这些年来,我竭尽全力出席孩子们的活动,我比大多数父亲参加活动的次数都要多。我觉得我不应该坐在这里自责或——"

突然他说不下去了,因为他看见妻子的眼泪快要掉下来了。

"你怎么了?"

莱斯莉花了一会儿时间让自己的情绪平复下来,然后说:"你说得对。你不应该感到自责。你确实在想办法努力参加孩子们的活动。"

布莱恩感觉自己松了一口气,然而这只是暂时的。

"其实你最不在乎的那个人,是我。"说着,莱斯莉的眼泪止不住地流了下来。

一瞬间,布莱恩觉得特别害怕。一是因为他知道莱斯莉说得没错;二是因为直到此刻,莱斯莉从来也没有为此而埋怨过他。她有这样的感觉已经多久了?布莱恩很想知道。

就是在这一刻,布莱恩暗暗在心中发誓,他要成为一个更好的丈夫,要给予妻子更多的陪伴和关爱。作为妻子的莱斯莉已经工作了28年,她值得得到这样的回报。

而且,布莱恩真的没有借口。现在有了卖掉公司的钱和股票期权,布莱恩家的资产一下子增加了许多,多到夫妻俩觉得都花不完。如今他们已经不再需要给孩子买奶粉或供孩子上学。即使布莱恩以后不再工作,两人也可以过上相对舒适又没负担、没压力的日子。

莱斯莉也不需要再出去工作。她在学校和教堂做义工做了20多年,在过去7年中一直在学校当全职助教。她很愿意改变这样的生活方式,只要能跟自己的爱人在一起。

他们的女儿马上就要大学毕业,两个儿子也已经分别在圣地亚哥和西雅图安家落户。作为"空巢父母",夫妻俩的生活,可以说是无拘无束,自由自在。

"好吧,"布莱恩说,同时他握住桌子那头妻子的手,"在接下来的日子里,我们可以随心所欲,想做什么就做什么。不过,现在的麻烦是,我们得知道我们想做什么。"

头脑风暴

在接下来的几天里,布莱恩和莱斯莉一边开着车在葡萄园中来来回回地兜风,一边进行头脑风暴,聊着各种可能开展的退休后的活动计划。

为了探索更多可能性,夫妻俩尽量把想到的每一个方案都讨论一遍,不过,他们最终放弃了买私人游艇、越野房车或者私人飞机去探险的想法。虽然两人都很喜欢户外活动,但是他们都不认为自己是真正热爱探险的人,当然也不想去尝试游牧民族的那种生活方式。

最后,莱斯莉建议两人到太浩湖边买一处安静、漂亮的山间小屋。那里整个冬天都可以滑雪,其他季节可以划船或者打高尔夫球。还没有孩子的时候,他们曾经很憧憬这样的美好生活。莱斯莉不需要费很多工夫去说服布莱恩,因为在过去5年里,布莱恩曾反复念叨想要去滑雪。当然,在淡季钓鱼和打高尔夫球的建议对他也极具诱惑力。

"我们就这么办吧!"布莱恩情不自禁地笑起来,"何必在乎尘世间那些无聊的名利呢?"

然而,用不了多久,布莱恩就会意识到,对于上面所说的"无聊的名利",他内心最真实的答案是:"我真的在乎。"

憧憬新生活

在接下来的几周内，因注入了新能量而焕发了新生机的贝利夫妻，来回穿梭在大山之间，寻找合适的房子。最终，他们选择了位于太浩湖南端数英里处的内华达州的一栋现代风格的木屋。两周后，也就是在"纳帕沟通"（这是后来夫妻俩对那次谈话的命名）一个月左右，两个人搬进了木屋，开始装修和装饰新居。

对于即将开始的新生活，布莱恩要比自己想象得更加兴奋。他激动地跟自己的孩子们和朋友们谈论自己的新家，告诉他们从家里就能看到天堂滑雪场的滑雪坡和太浩湖的南端。在电话中他甚至用上了销售话术。

"这取决于你什么时候来这儿，我们可以到那边的雪坡上滑雪，去能举办锦标赛的高尔夫球场上打球，也可以游览太浩湖，出家门步行到湖边仅需12分钟。"

11月，山里下了第一场大雪，布莱恩和莱斯莉满心期待地开始了滑雪季。

然而，他们的这个滑雪季非常短暂，且让人相当痛苦。

受伤的滑雪迷

跟大多数50岁出头的男性相比,布莱恩的健康状况还是蛮不错的。鉴于15年来他一直从事的是健身器材行业,他能保持如此良好的健康标准并不奇怪。但是,在健身脚踏车或跑步机上锻炼再久,也不足以让他的身体适应短期内滑雪运动量的急剧增加。

在木屋附近的滑雪坡上连续驰骋的第三天,布莱恩摔了一大跤。尽管他发现重心不稳后迅速进行调整,努力恢复滑雪姿势,重建自信,减少对身体的伤害,但是这一跤带来的疲劳和病痛,是这么多年从未有过的。

第四天,正准备开始滑最后一圈时,布莱恩惊讶地发现,他成了大山里唯一的包场滑雪者。于是他决定来点儿更刺激的。他从通往木屋的主雪道上下来,拐进当地举行滑雪比赛时使用的障碍赛场地。相较于松软的滑雪道,障碍赛场地表面全是冰,虽看起来普普通通,其实危险性相当高。

向下滑到半山腰时,布莱恩的腿开始疼起来,而且灼热感越来越强烈,绕着雪道上插着的小旗子做大回转时,他感觉自己很难站直。他有点后悔,要是从原来的滑道上直接滑回家就好了,那样就轻松多了。但是一想到木屋就在下面不远的地方,那里至少有好几个人正在喝着热巧克力观赏自己荣耀的个人奥林匹克时刻,布莱恩觉得自己不能半途而废,于是决定冒险一试。

当快滑到倒数第二面小旗子时,他右脚的雪靴像要从滑雪板上脱落似的,这引起了后面的连锁反应:他试图把滑雪板的角度调正,但瞬间失去了平衡,重重地摔了下去。转眼间,布莱恩头朝下径直栽到了山底,脚上只剩下一块滑雪板,雪杖也不见了,变了形的滑雪镜竖着贴在脸上。

更糟糕的是,他的膝盖火辣辣的疼。

幽闭烦躁症

布莱恩是拄着双拐离开社区医院的。社区医院的医生检查了布莱恩的伤势,还好医生说伤得不算太重,不需要做手术,布莱恩还暗自觉得自己挺幸运。直到医生告诉他需要卧床个把月,并且滑雪的事今年就别想了,布莱恩才开始担心起来。

让布莱恩忧虑的,不仅仅是不能滑雪了,当然他确实也担心这个。他也不是怕自己无聊,卧床休息对他来说是挺好的安排,他带了不少书,都是这些年来一直渴望阅读但没有时间才闲置的。主要令他最害怕的是,只要一闲下来,他肯定忍不住会去想跟工作相关的事情。

在头两周,布莱恩休养得不错,他的生活相当轻松惬意,他感到了充实和满足。

莱斯莉成了布莱恩的守护天使,夫妻俩有了更多的时间闲聊和看电影,或者只是腻在一起。自从大儿子出生之后,他们难得有这样仅属于两人的轻松时刻。

但是最终,布莱恩感觉自己似乎得了轻度抑郁症。刚开始的时候,他认为这是自己缺乏日常运动导致的抑郁。尽管算不上什么运动达人,但是多年来布莱恩保持着运动的习惯。这是他人生中第一次,如此之长的一段时间完全不能参与锻炼。

天气是另一个原因。那年山里迎来了50年一遇的大雪,把这位受了腿伤的前公司高管牢牢困在家中不能外出。有5天时间,他每次的户外活动时间最多不超过5分钟。

然而,最终布莱恩得出了一个颇具讽刺性的结论,他之所以抑郁，最大的问题是，他需要一个问题——他渴望解决一个商业难题。

当然，他知道莱斯莉绝不会同意他突然重返湾区和企业界的建议。所以在莱斯莉面前，布莱恩丝毫不敢流露出这样的念头。然而，布莱恩必须找些真正的事情做做，否则他会像囚犯一样疯掉。尽管他的住处根本不像监狱，但就像布莱恩意图提醒莱斯莉时所说的，"监狱就是监狱，即使有网络电视和能够欣赏太浩湖美景的大落地窗，那也是监狱"。

意大利餐厅

扔掉拐杖之后的第一天，天气奇迹般地转晴了。那一天风和日丽，阳光充足。布莱恩和莱斯莉觉得这样难得的好天气不能浪费，他们决定开车出去兜兜风。围着太浩湖转了多半圈之后，夫妻俩决定在返家的途中点外卖当午餐。像往常一样，一番争论之后，莱斯莉获得了点餐权。她选择了意大利外卖。这是一个让她相当后悔的选择。

他们决定到吉恩和乔餐厅点外卖，这是一家马路边的低档意大利餐厅，离他们居住的木屋不远。为了节省时间，莱斯莉提前打电话订了餐。

布莱恩和莱斯莉几乎从未光临过这家餐厅，只是在布莱恩康复期间，两人偶尔点过几次比萨和意大利面。餐厅似乎只在午后和晚上营业。

餐厅外面粉刷了白色油漆，屋顶像西班牙风格，室外以彩绘葡萄藤和意大利国旗做装饰，看上去有点儿古旧，或者说看起来档次不高。不过，餐厅的食物非常美味。布莱恩和莱斯莉一向偏爱菜量大的实惠型餐厅，反感装潢过度精致却让人吃不饱的地方。

他们把车开往停车场时，注意到餐厅侧面有一个免下车取餐窗口。意大利餐厅居然也有免下车取餐窗口，这让他们有点儿意外。于是，他们决定开车到这个窗口取外卖。

在这个窗口等了一会儿，没有人来招待他们。布莱恩从窗口往餐厅里面看去，里面好像没有人。布莱恩和莱斯莉觉得，也许是因为这时候还没到午餐的点儿，可能晚上会有很多饥肠辘辘的滑雪客在开车回家的路上光临这家餐厅。

"这个场景让我想起高中暑假时打第一份工的地方。"布莱恩的语气中，似乎有怀念，也有遗憾。

"你说的是汉堡先生吧？"

布莱恩纠正妻子，说："是汉堡队长。"

"那家餐厅真不怎么样。"

"是的，不过我们努力享受在那儿的工作。"

"记得有一次你被抢劫了。"

"不止一次，是两次！所以我才辞了职，到一家炸薯片工厂上夜班。这份工作听起来就不怎么样，实际上，非常糟糕。"

莱斯莉咯咯笑着。

布莱恩接着说："那是一个漫长的、痛苦的暑假。"

"不过，这不是好事嘛！"

布莱恩皱起眉头，听着妻子的解释。

"因为这样，你才有了后来在卡洛斯餐厅当服务员的工作，那份工作超级棒，因为在那里你遇到了我。"

布莱恩思考了片刻，说："你说得不对。我非常肯定，汉堡队长更棒。"

莱斯莉伸手想要去拧布莱恩的胳膊。这时，窗口终于出现了一个人，关上了他们回忆的闸门。

布莱恩很惊讶地看到，对方是一个40多岁的中年人，而不是常见的年轻服务员。他手指上戴着婚戒，胳膊上有文身。身上的T恤衫上印着两个笑着的秃顶男人的照片。布莱恩猜到，图片上的人一定是吉恩和乔。T恤衫上从左到右写着绿色和红色相间的字："比萨、意面。这个、那个，全都有。"

什么样的已婚中年男人想要在这样的餐厅工作？布莱恩很奇怪。

"您想要什么？"中年男人问布莱恩，面无表情。

"嗯，我们已经打电话订餐了，外卖带走。留的名字是莱斯莉。"

一句话也没有说，男人离开了。稍后，他返回来，手里拿着一个袋子和一个小比萨盒子。

"15.8美元。"

从窗口接过外卖之后，布莱恩递过去一张20美元的纸币，对他说："不用找零了。"

"谢谢！"从对方的回应中，布莱恩似乎感受到些许谢意。

4分钟之后，夫妻俩回到了木屋，他们从袋子里把食物拿出来，这时莱斯莉喊了出来："真是的！他们又忘了给我沙拉。"

"我去拿。"布莱恩深吸了一口气。

"哦，别折腾了。有没有沙拉也没什么关系。"但从她的语气中可以知道，她还是想要沙拉的。

"我得去，这是他们第二次这样漏掉了。我10分钟就能回来。"

到餐厅里去

到了以后,布莱恩决定把车停好,到餐厅里面去沟通。

餐厅里空空荡荡的,只有两位年长客户坐在一个角落的桌边吃早午餐。布莱恩走到点餐前台,等着有人来招待自己。然而,没有人出现。

布莱恩迅速扫了一眼前台后面的区域。显然,吉恩和乔餐厅相当陈旧,或者说破旧。收银台看上去至少已经用了二十几年,地毯上踩踏多的地方磨损很严重,地毯边也有破损。前台贴着一张手写的小广告,上面写着"招聘:厨师、送货司机、周末经理"。

这家公路边的小餐厅,似乎也曾热热闹闹、充满生机,而如今似乎生意惨淡、勉强支撑。布莱恩想,餐厅之所以还开着,也许只是因为占了个好位置。

终于,有一位年轻的拉美裔员工出现了,他问布莱恩:"您想来点儿什么?"他的语气要比刚才在免下车取餐窗口服务的那名男子轻快一些。

"嗯,是这样的。我刚刚在免下车取餐窗口取走了外卖,但是好像里面少了一份沙拉。"

对面的人点了点头,似乎脸上有些歉意,但是他没对布莱恩说什么,而是扭头叫:"卡尔!"

一会儿,在免下车取餐窗口服务的男子来了。这位拉美裔员工对他说:"这位先生的外卖少了一份沙拉。"

卡尔一句话没说,就离开了。一会儿,他回来问:"名字是莎伦吗？"

布莱恩耐心解释说："不是，是莱斯莉。我们是15分钟之前来取餐的。"

卡尔嘴里嘟囔着什么走开了，布莱恩听着像"去查查看，很快回来"。

就在这时，前门开了。布莱恩转过身，看见一位年长的男子走了进来，布莱恩觉得他有些面熟。

在免下车取餐窗口服务的那名男子皱着眉头回来了，说："我没看见给莱斯莉的订单。你确定——"

布莱恩打断了男子的话，他试图幽默一些，但语气中流露出些许不耐烦的嘲讽："是的，我确定。难道你觉得我会为了多要你一份沙拉而特意开车再回来吗？这已经是第二次你们忘记给我沙拉了。"

布莱恩身后的男子插了话，说道："让我来为您处理，先生。"

布莱恩纳闷地回了头，想看看是谁在跟自己说话。他还没来得及回应，那名男子继续说道："我是这个餐厅的老板。"

然后，他转身对员工说："卡尔，给我打包一大份沙拉，再拿一张比萨免费券。"

这位老板一边伸出手来跟布莱恩握手，一边解释着："很抱歉。现在我们人手不太够。"

根据布莱恩的猜测，面前这位老板大概65岁，他皮肤黝黑，皱纹满面，很是苍老。布莱恩突然明白为什么他看起来面熟了。他就是餐厅员工穿的T恤衫上印着的两人中的一位，只是照片是很久以前拍摄的。

"您一定是吉恩或者乔。"布莱恩以礼相待。

"我是乔。"年长老板点头说道。

也许是出于好奇,布莱恩问出了下一个问题:"吉恩在哪里?"

"我猜想他应该在佛罗里达的某个地方吧。19年前他放弃了餐厅合伙人的身份,但是我决定保留餐厅的名字。嗯,你也有过类似经历吗?"

此刻,布莱恩有些犹豫,他不想找任何人的麻烦,也不想批评这家餐厅的经营状况:"嗯,也许是有一次,不过也许是我们自己的问题。"

"不,在多数情况下,就是我们自己的问题。"乔不以为意地摇了摇头。

布莱恩有些同情起这位老板。他决定寒暄几句。

"这家餐厅你开了多久了,乔?"

"到今年2月,就是第32个年头了。20世纪70年代时,这里比现在更时尚和讲究。"对于餐厅的现状,他似乎显得有点尴尬,"后来周围建了赌场和其他设施之后,我们不得不进行业务调整。我们现在中午不开门了,只做晚餐。我们只接待比较随意的用餐客户,比如滑雪客、徒步者、骑车旅行的人。"

布莱恩点点头。

这时,卡尔来到前台。"您的沙拉。很抱歉。"这一次,布莱恩勉强听得出卡尔语气里的些许诚恳。布莱恩觉得这是因为老板在场。

"谢谢。我们一定会再见面。"布莱恩同时对卡尔和乔说。

"期待您的再次光临,下次我们一定会准确处理好您的订单。"老板笑着说。

"没问题。"布莱恩再次跟老板握了握手,离开了餐厅。

开车回家的路上,布莱恩的心思一直在这家餐厅上,乔、卡尔或者餐厅其他面无表情的员工,上班的心情是怎样的?他很想知道答案。

究竟是什么东西,让这些人愿意每天早上从床上爬起来去上班呢?

报复性沉溺

那天晚上,布莱恩出去采购日用品。现在他终于不再需要用拐杖辅助走路了,逛逛商店买买菜什么的,对他来说,是个美差。

买完东西离开商店的那一刻,他瞥见了报刊架上《华尔街日报》的头版。扫了一眼几个新闻标题之后,他决定买一份带回家。做这个决定有些艰难,因为他知道自己无异于在"玩火"。莱斯莉不会有好脸色,因为她觉得布莱恩是在放纵自己于"商业毒瘾"中。对,莱斯莉称之为"商业毒瘾"。

在到达收银台之前,布莱恩还在商店的杂志区买了《商业周刊》《财富》《快公司》等杂志。这些都是他的"禁书"。

开车回到木屋之前,为了躲过莱斯莉的审查,他很小心地把杂志和报纸压在了购物袋的最底下。莱斯莉睡了之后,布莱恩悄悄拿出自己的藏匿物,坐到自己最喜欢的椅子上,急切地想要涉猎商界的新闻。

看了《华尔街日报》二十几分钟,布莱恩决定放下报纸,上床休息。他很失望,此次猎奇行动并没有收获多少意外之喜。就在这时,他突然看见报纸的市场版面第三页上刊登着一篇短文章,标题是"耐克的佛雷斯将裁员及减产"。

从文章中,布莱恩了解到了若干细节——耐克决定裁掉佛雷斯的50多名员工,并削减佛雷斯近半数产品。文章结尾提到,佛雷斯的数家竞争公司"据悉也在考虑采取类似举措"。尽管文章里并没提到JMJ公司,但是布莱恩非常清楚,在这些竞争公司中，一定有JMJ公司。

知道自己今夜肯定睡不着了，也知道自己已经违背了和莱斯莉定下的契约，布莱恩打开了电脑，把内疚感抛到了一边，打开了JMJ公司的官方网站。在上面他了解到，公司正在把JMJ公司的销售和营销部门从曼蒂卡搬迁到芝加哥之外的公司总部。

布莱恩感到无比气愤。

他给里克发了一封邮件，愤怒地指出JMJ公司买家的决定违反了当初和他签署的合同条款。他还给前高管团队的两名成员发了短信，告知对方，听说他们被调离岗位，自己感到非常难过。

此刻，他的肾上腺素已爆棚，布莱恩报复性地埋头钻进杂志里，涉猎一切跟商业有关的消息。尽管他刚刚归隐不到两个月，却感觉像已经过了好几年似的。

凌晨4点多，布莱恩仰躺在椅子上睡着了，杂志散落在周围的地板上。几个小时之后，起床后的莱斯莉发现了椅子上的布莱恩，他像极了周围堆满了空酒瓶的酒鬼。

这时，电话铃响了。布莱恩被吵醒了，开始在椅子上动来动去。但他还迷糊着，莱斯莉把电话递给了他。

"是里克·辛普森。"莱斯莉没再说话。从她脸上的表情，布莱恩不难看出她的情绪。

开戒在即？

里克是读完布莱恩的午夜邮件之后打来的电话。

"嘿，老朋友。退休的感觉如何啊？"

布莱恩的回应很简单："很好，谢谢关心。我猜你已经收到我的邮件了。"他懒得客套，开门见山。

"是的。凌晨2点10分你不睡觉，忙什么呢？"

"里克，到底是怎么回事？他们不应该把公司迁出曼蒂卡。合同里写着这一条。"

"嗯，他们没搬走公司。他们说不会关掉曼蒂卡的工厂，也没有计划把员工开掉。这是并购公司的标准操作，你是知道的。"

"是的，但是我跟公司的人说他们不需要担心自己的工作。"

里克怀疑布莱克的糟糕心情不仅和JMJ公司的境遇有关，还和要适应艰难的退休过渡期有关，因此里克决定语气尽量柔和些。

"听着，布莱恩。任何受到公司这项举措负面影响的员工都会得到一笔可观的遣散费。这是合同里写明的，得益于你在谈判时起的作用。跟耐克对佛雷斯的做法相比较，这已经是非常仁慈了。"

一瞬间，布莱恩竟无话可说。

里克继续说了下去："我知道你对那个地方有很深的感情，但是你对JMJ公司已经尽力了，现在是时候放手了，老朋友。"

"也许吧。"布莱恩深吸了一口气,试图说服自己相信里克的话。但是他做不到,"就好像他们要把这么多年来人们的信任和忠诚扔到马桶里冲走。他们不明白,这才是他们的钱买到的东西。我跟你说过,我们本应该找一个能更好地认可公司价值的买家。也许我们能卖个更高的价格。"

此刻,里克本应保持沉默,但是一如既往,他不会放弃任何辩论的机会,尤其是当自己的专业能力遭到质疑时:"不对,他们买了一个工厂、一个品牌、若干专利,还有客户名单。他们并没有失去这些东西。相信我吧。没人愿意付更多的钱来买你的公司,因为那些你侬我侬、卿卿我我的东西,对公司的盈利毫无用处。"

此刻,布莱恩非常生气,斗志昂扬:"你没弄懂,是吧?我们创建的公司文化对我们公司能够取得成功的重要性,胜于其他一切。专利、产品、品牌,是什么?那都是一群热爱工作的人创造出来的直接成果。"

"不对。"里克反对,语气中充满傲慢,"他们热爱工作,是因为他们赚到钱了。他们赚到钱,是因为你刚好在合适的时间、合适的市场,生产出了合适的产品。其他的一切都毫无价值!是人们往自己脸上贴金罢了。"

又有这么一刹那,布莱恩想挂掉电话。还好这时刚好有别的电话打进来,这给了布莱恩一个体面地说再见的机会:"我这儿有一个电话打进来,我先挂了。"

没等里克反应完说句什么,布莱恩转接到新来的电话。

是罗伯打来的。罗伯是布莱恩之前的下属,JMJ公司营销部门的领导。在电话中,他感谢布莱恩给他发了邮件,同时安慰布莱恩，对于早有预期的工作变动，他的感觉并没有太糟糕。

"这一天迟早会到来，我们都知道会这样。很多人已经离职了。和我一样，他们大多数人有不少待选岗位。有了你当初帮我们争取的遣散费，我其实挺满意的。而且，公司这边的情况跟以前也很不一样了。"

他的这番话让布莱恩如释重负，同时他也很伤心："厂里的情况怎么样？"

"生产方面一切维持原状，所以厂里的人还好。不过，不会像以前那么有意思，这是肯定的。有些人很可能选择离职，因为他们不喜欢这样的变动。但是他们的工作相对有保障，甚至有传言说工厂要扩大生产。"

挂掉电话之后，布莱恩和莱斯莉共进早餐，布莱恩坦白交代了前一晚自我放纵于商业报刊的"所作所为"。莱斯莉说服布莱恩，应该给里克回个电话，修复两个人之间的关系。

里克还是原来那样，接电话时语气轻松，似乎完全没有受到上一次通话内容的影响。

接受了布莱恩的歉意之后，里克提出了一个建议："嗯，也许你应该去当顾问，或者找个类似的什么工作。"

布莱恩没听懂："为什么这么说？"

"我也说不清。但是个人感觉你可以利用你能够让他人提升自信这个长处。我觉得你会喜欢做这样的工作。不是关于数字的，而是跟人打交道的工作。"

尽管知道里克是出于好意，但是布莱恩感觉自己又开始沮丧了。他深吸了一口气，说："里克，你觉得我喜欢经营JMJ公司吗？"

里克重复着刚才的话:"嗯,当然。但是我说不清,我觉得你对他人的热情很可能让你在另外一个行业中起到很大的作用。我是这么觉得的。"

布莱恩强迫自己平静下来,慢悠悠地说:"好吧,里克。我再解释一次。我对人的兴趣恰恰是我喜欢当首席执行官的原因。正因为如此,我才能成为一名优秀的首席执行官。"

电话那头的里克,沉默了有大概5秒钟那么久。

最后,里克带着迟疑的语气说:"也许你说得没错,布莱恩。也许我说错了。谁知道呢?也许两年之后,我们会发现JMJ公司倒闭了,因为员工不再有自信,也不再喜欢自己的工作。"

布莱恩笑着问了下一个问题:"但是你不相信会发生这样的事,对吧?"

里克咯咯笑着,语气中似乎有些不好意思:"嗯,我不相信。不过,你知道,有时候我说的话就是这么让人讨厌。"

布莱恩哈哈大笑,再一次为上一次的言语和态度而感到道歉,并感谢这位让人"讨厌"的朋友花时间倾听一位退下来的首席执行官的烦恼。

挂掉电话时,布莱恩心中升腾起一种非常奇怪的决心:他的前室友是错的,他一定要证明这一点。此刻,他无法预料自己要怎么做才能证明,也猜不到在接下来的几个月里等待自己的会是什么。

在坏情绪的刺激下

第二天,布莱恩向妻子承诺会履行双方的退休约定——至少在一年之内保持退休状态。然后,他去了医生那里检查腿伤。

他的腿并没有痊愈。在接下来的一个半月内,布莱恩必须不能有任何运动,当然也不能滑雪或徒步,甚至连固定式脚踏车也不能骑。不需要拐杖辅助行动已经是进步了,但是除了走路,不可以有任何真正意义上的运动。

除了情绪上的失落,布莱恩觉自己像要精神错乱似的。

然后,事情就这样发生了。有一天莱斯莉出去购物,布莱恩抓起电话,打了一通改变自己的人生,以及改变家人生活的电话。没人能够想象得到,他们一家未来的生活将发生如此大的变化。

对方回电

电话那头传来一个布莱恩听不出的年轻声音。

"您好,这里是吉恩和乔餐厅。"

"您好,请问你们的乔老板现在在餐厅吗?"

"很抱歉,先生,乔现在不在。我今天没看见他。一般周一他不怎么来餐厅,不过,您可以明天再打来试试。"

"这样啊。那你有他的电话吗?"

"有,当然有。稍等,我找找看——在这儿。"他把电话号码念给布莱恩,"还有什么事情需要我帮忙吗?想点点儿什么?"

这番话让布莱恩感到挺愉快的,但同时也让他觉得有些奇怪:"暂时不需要点餐了,谢谢你。对了,你是新来的员工吗?"

"是的,今天是我第一天上班。您怎么知道呢?"

"因为我没听出你是哪位员工。嗯,就是这样。谢谢你提供给我乔的电话号码。"

然后,布莱恩拨打了乔的电话号码,给他留了言。

那天晚上,莱斯莉和布莱恩正在重温电影《美好人生》,这已经是他们结婚28年来第25次看这部电影了。就在这时,电话铃响了。考虑到布莱恩的腿伤,莱斯莉起身去接了电话。

"是的。请问您是哪位?当然没问题。"

莱斯莉脸上带着不解,跟布莱恩说:"是一位名叫乔·科伦巴诺的人打来的,说是回你的电话?"

布莱恩假装满不在乎地起身去接电话,好像他对打来电话的人一点儿也不感兴趣,也并不奇怪。

"好的。"

"乔·科伦巴诺是谁?"莱斯莉问道。

布莱恩不想对妻子撒谎,但是此刻无疑他还没准备好告诉妻子全部细节。

"哦,是我在那家意大利餐厅遇到的人,是一位不错的老板。我觉得也许我能帮助他解决他正遇到的一个问题。"

他从莱斯莉手里接过电话,走进卧室。

她笑着看着他离开,好像在说:"嗯,挺好,挺好。"然后她问:"要不要我把电影暂停?"

"不用,我只要1分钟,我想我能记得住接下来是什么情节。"

她又笑了起来,然后独自继续看电影。

毛遂自荐

第二天早上9点，布莱恩特意注意了一下着装，下身穿了一条卡其色裤子，上身穿了一件讲究的毛衣。他开车到吉恩和乔餐厅时，看见餐厅停车位上只停着一辆旧式丰田皮卡卡车，车厢里装有露营设备。保险杠上贴着一张贴纸，写着"留住太浩湖的湛蓝色"几个字。

从前门进到餐厅里，布莱恩看见乔正坐在一张餐桌旁，边喝咖啡边整理一些收据。

"你好！"

乔转过身来，有些奇怪地看着眼前的客户："你好。你是那天来拿沙拉的客户吧？"

布莱恩点了点头。

"有什么事我能帮忙吗？我们现在还没开门，恐怕你得等——"

布莱恩礼貌地打断了面前这位满脸皱纹的餐厅企业家，说："我是布莱恩·贝利。昨天我们通了电话。"

乔看起来有些意外："你就是布莱恩吗？"

"没错。"

"哦，哦，和我想象的，嗯，你和我想象的不太一样。"

餐厅老板把文件从桌子中间拿开，整理了一下桌子，说："你请坐。"

布莱恩从文件夹中拿出简历，递给了乔。

乔低头看布莱恩的简历，他显得很困惑。一会儿他开始笑了起来。

"你什么意思？这是恶作剧吗？有什么我能帮忙的吗？贝利先生。"

"这不是开玩笑，乔，我是来这儿应聘你餐厅的周末经理职位的。"

乔又看了一眼简历，他觉得不可思议："你是认真的吗？"

布莱恩点了点头，一脸严肃。

"好吧。我想我应该问几个问题。你究竟为什么想要应聘这儿的工作？"

在布莱恩给出答案之前，好像乔突然想起了什么，马上又接着问："你不会是刚从监狱里出来吧？或者，戒毒所？"

布莱恩笑着摇摇头，说："不是的，老板，我只是经历了一次滑雪事故，正在康复期。另外，我已基本进入准退休状态，试图享受新的人生阶段。"

"那么请问，我们吉恩和乔餐厅周末经理这个职位，算是你这位首席执行官退休规划的哪一部分呢？"说"首席执行官"这几个字的时候，乔是一字一停顿这样说的，好像他对这个职位完全不感兴趣，又或是因为他许久没有接触过或没说过这几个字。布莱恩倒是觉得大概率是第二个原因。

"嗯，我认为哪一部分也不是，只是我想做这个工作。"

乔考虑着这件事，他的眼光停留在简历上。然后，他开始摇头："不，很抱歉。这一定是恶作剧。"他把简历从桌子对面递过来，想还给布莱恩。

布莱恩没有接简历。这让乔有些恼火，不过还是努力试图友好地沟通："像你一样曾经位居高管的大人物，来我这儿应聘每小时区区9美元的工作，想让我相信这个？我不是傻子，先生。"

"我不仅想让你相信这不是开玩笑，也完全没想到你会拒绝我的应聘。我应该是你能找到的最优秀的应聘者。"

"你说错了！"乔抬高了声调，"你是目前我能找到的唯一一位应聘者，但是我依然不会聘请你。"

"为什么不会？"

"因为我不相信你，这是其一。就算你是认真考虑过的，一天之内你肯定也会辞职，最多不超过两天，这是其二。"

此刻，布莱恩觉得，这场奇怪的面试越来越有意思了。

"我怎么做才能让你相信我是认真的？"

乔想了一会儿，说："我不知道。"他看了看周围，期待能有个人站出来告诉他答案。不过，此刻的餐厅静悄悄，只有他们两人。

布莱恩有些狡黠地笑了，说："好，那么第一周我不要薪水如何？如果第二周我继续干，你就把第一周的薪水补发给我。如果我只干一周就走人，那么我一分钱都不要。这样行不行？"

考虑了几秒钟之后，乔还是摇了摇头。他又看了一眼简历，说："嗯，你说实话吧，布莱恩，到底是怎么回事？这真的没道理。"

这时，布莱恩的态度比刚才严肃了一些，说："你说得没错，乔，是没道理，但是我有我的理由。我需要找点事儿做。如果不是这儿，那我也会继续找下一个有招聘需求的地方。我很肯定，有人会非常愿意聘请我的。"

感觉到乔明白了一些自己的意思，布莱恩继续说道："如果我做得不好，让我走人就好。如果我做得好，那么我期待得到应有的薪水。"

在接下来的20分钟里，两人来来回回地过招。布莱恩开玩笑地说，会起诉吉恩和乔餐厅歧视膝盖受伤的应聘者，而乔谴责布莱恩怀有不可告人的目的，比如他可能是食品和药品管理局派来潜伏在餐厅的卧底，也可能是电视真人秀节目《真实镜头》(*Candid Camera*)的某个主持人。

最终，布莱恩获得了胜利，尽管颇费口舌，还下足了一番功夫，而且他付出的代价超出常理。

协商妥当之后，乔深吸了一口气，面色凝重地说道："嗯，一般情况下，我不考虑没上完大学的人。"

说完，他向正咧着嘴笑的布莱恩伸出了手，说："但是我想这次我得破例了。欢迎加入吉恩和乔餐厅。你可以周四晚上过来上班。"

布莱恩兴奋地跟乔握手告别，表现得就像乔给了他第一份工作似的。在回家途中，他的心中产生了一种从未有过的成就感。但是一想到该怎么跟妻子解释，他所有的兴奋感顿时荡然无存。

回家摊牌

布莱恩回到家的时候,莱斯莉正在接电话。一看见布莱恩回来,莱斯莉有意要挂掉电话,所以她跟电话那头的人说:"嗯,他刚进门。我会跟他转达你的问候。我挂电话了。拜拜。爱你。"

莱斯莉挂掉电话,兴奋地跟爱人打招呼:"是琳恩,她有重大消息。"

"她不想跟我聊吗?"

"她马上要去上课,说今天晚上再给你打电话。她今天参加了一个希尔顿的面试,面试很成功。她觉得自己能拿下应聘的岗位。"

"那太好了。"平时若听到这样的消息,布莱恩会喜出望外,但是今天一想到接下来的谈话,他就没了兴致。

"你猜她有可能去哪里的希尔顿工作?"没等布莱恩开口猜,莱斯莉就接着说了下去,"波特兰,圣安东尼奥,还有南太浩湖!"说最后一个之前,她故意停顿了一下。

"你没开玩笑吧?"

"是真的。难以置信吧?"

看见莱斯莉正在兴奋头上,布莱恩于心不忍,想晚一些跟她聊自己的事情,但是他又一想,也许正好可以趁莱斯莉心情好的时候谈这件事。

"那真是太棒了!"

布莱恩嘴上虽这么说,但是看起来并不怎么高兴。莱斯莉太了解自己的爱人了，一定是有什么事儿。于是，她问道：

"你怎么了？有什么事吗？"

"没什么。只是，我也有个消息要告诉你。"

莱斯莉看起来有些迫不及待。

"我刚才去了吉恩和乔餐厅，那家意大利餐厅。"

莱斯莉点了点头，没说话。

布莱恩盯着地面，说："我打算开始帮他们做点事。"

"不错啊。你要在那里干什么呢？营销，还是别的什么？"莱斯莉回应，布莱恩看不出她是兴奋还是失落。

"不是营销，其实我是要帮乔做一些管理上的事情。"

"是什么意思呢？顾问吗？"莱斯莉没听懂。

"不是，我要帮他打理餐厅的事情，每周去三个晚上。"

布莱恩永远不会忘记妻子此刻脸上的表情。转瞬之间，莱斯莉的表情从一开始的兴致勃勃到一脸不解，再到最后略有些震惊。

刚开始，莱斯莉惊讶到无话可说。最终，她开口问："你是认真的吗？"莱斯莉明知布莱恩不是在开玩笑，但她还是想要确认一下。

布莱恩点头默认。这时的他看起来就像一个十几岁的青少年逃课之后被抓住的样子。

莱斯莉继续发问，她的语气中有惊讶，也有遗憾："为什么？究竟是为什么？你怎么考虑的呢，我亲爱的老公？"

"说起来有点儿复杂，莱斯莉。"

"所以，你觉得我理解不了吗？"

"我不是这个意思，只是不知道我能不能解释得清楚。"

"是不是你厌倦我了?你这么做让我觉得特别难受,你得知道。"

布莱恩脸上一副难以置信的表情,赶忙说:"不是,怎么会呢?我非常喜欢跟你在一起。只是,我说不清楚,我需要做点什么事情,管理些什么。你知道吗?有太长时间了,我一直没遇到什么真正的疑难问题要我去解决,我太难受了。我不能就这样下去。"

"所以,你才想去快餐店打工吗?"

"不是,严格来说,不是这样的。"

莱斯莉不解其意。

"其实,我已经是那家餐厅的老板之一了。"

莱斯莉惊讶得合不拢嘴。

唇枪舌剑

"什么？你要去——"莱斯莉话没说话就停住了。

布莱恩笑了起来，或许是为了掩饰他的内疚或害怕："因为我只有这么做，才能说服他聘请我。但是我只是一个小合伙人。我只要出1200美元就行。我估计如果干得好，可能这笔钱会增值，比如1300或1400美元。"

莱斯莉可不想听什么笑话："我还是不明白，你为什么不去做点慈善工作，或者在教堂当义工，到非洲去当传教士？为什么非得干这个？"

"我知道这听起来有点荒唐——"

不容得布莱恩说下去，莱斯莉插话说："不，不是听起来有点儿荒唐，这根本就是相当荒唐。"

莱斯莉看着布莱恩，想要听他怎么说。有那么一会儿，布莱恩的眼睛盯着地面，等他抬起头来时，莱斯莉从他眼中看出，他像有点儿受伤。于是，她打算认真听听布莱恩的想法。

"我知道这听起来有点儿不合常理，莱斯莉。是的，我的确想过到教堂去做义工，或者创办一个非营利性组织。"

莱斯莉又一次忍不住插话了，似乎是在为自己刚才的话辩护："瞧，这很好啊。为什么不去做呢？"

此刻，布莱恩有点儿焦虑："因为这些事并不是我想做的。往信封里装材料，或者帮忙分发甜甜圈，这些事我做不来。我是管理者，莱斯莉，我觉得当管理者是我的天赋。这话说起来有点儿老掉牙了，但是我真的很认同这种说法。有些人天生就擅长画画,或者弹钢琴、写诗、打篮球等,而我擅长做管理。"

莱斯莉让爱人把话说完后,自己则陷入了思考。

"其实我相信,我最能帮人的地方是从事管理工作。我不会建房子,也不会种玉米或设计机器配件,但是我能让人们更好地履职尽责。"

莱斯莉看得出,此刻,她的爱人一腔热忱,话语非常真挚诚恳。虽然他说得非常有道理,但是莱斯莉仍然感到困惑不解,于是她问道:"但是,为什么是那家很差劲的意大利餐厅呢?为什么不找一家更合适些的?"

"因为餐厅离咱们家不远,而且一周只去三个晚上。我们不需要搬回到湾区或者其他什么地方,你甚至都不会察觉到我去上过班了。"

布莱恩能感觉到,莱斯莉似乎要被说服了,所以他干脆一不做二不休,乘胜追击。

"莱斯莉,我真的很想知道,我是否能有办法让这个怪里怪气的意大利小快餐店重新焕发生机。我看见在那里工作的人呆若木鸡、毫无生气。我记得我刚加入JMJ公司的时候,见到的JMJ公司员工也是这个模样。如果能创造一些东西,让这些人愿意来上班,那么餐厅就会有变化。"

莱斯莉若有所悟地看着布莱恩,说:"这事儿,是不是跟那个可恨又讨厌的里克有关系?"

布莱恩忍不住笑了,他的妻子突然用这样小孩子气的粗糙话语描述他人,让他一时难以适应:"嗯,如果我说没他什么事儿,那是在撒谎。但不仅是因为他说了什么,而是我想证明JMJ公司的成功并不只是一个意外。我想证明我花费到员工身上的时间和精力,跟公司取得的优秀成绩有因果关系。"

此时,莱斯莉想要缴械投降,但是她决定问最后一个问题:"但是那可只是一个小比萨店呀。"

"没错,那家店确实很小,但是在店里工作的人,是否应该和其他人一样,有资格得到一份还过得去的工作?"

莱斯莉花了好几秒钟时间,考虑爱人话中的意思。然后她摇了摇头,忍住笑,说:"你真是一个好奇怪、好奇怪的家伙,布莱恩·贝利。"

除了同意妻子的观点,布莱恩无话可说。

第三部分

开展实验

临阵退缩

周四早上布莱恩醒来的时候,想到自己的决定要付诸实践,心中不免一阵不平静。直到穿上吉恩和乔餐厅的衬衫时,他才如梦方醒。

他走出房门,看着莱斯莉,说:"我这是在干吗呢?"

莱斯莉笑着对他说:"就像你说的,正因为你的管理天赋,上帝才把你带到这个世界上。你生来就是一个管理者,是一个领导者,这不受你自己的控制。"30年前布莱恩能娶到莱斯莉,真是三生有幸。

"但是,你看看我。"他转身照着木屋入口的一面穿衣镜说,"我现在正穿着一件这样的T恤衫,上面写的是'比萨、意面。这个、那个,全都有'。"

夫妻俩哈哈大笑,居然有几分贫贱夫妻百事哀的无奈样子。

莱斯莉试图鼓励布莱恩,说:"听我说,这跟上大学没什么两样。你即将开始上全世界最好的研究生管理课程了。为了学习嘛。"

她的励志小演讲似乎有效果,于是莱斯莉继续说:"我说的这些绝对是真心话。其实我也觉得这事儿很有意思,甚至希望我也能跟你一起去工作。"

她的这番话让布莱恩既感激,又受用。

后补的调研

布莱恩出发了,他开车前往曾数次经过的吉恩和乔餐厅。今天,餐厅似乎与往日不大一样。他注意到,餐厅外墙有些油漆已经脱落,侧面有一扇窗的玻璃是碎的,他不记得以前来的时候玻璃是不是已经碎了。今天看来,吉恩和乔餐厅要比他印象中的更加脏乱和破旧不堪。

在解开安全带的那一刻,布莱恩在心中默默祷告,祝自己好运。然后,他从车里出来,经过空荡荡的停车区域,走向餐厅前门。

乔正坐在收银台前。在乔身后的台子前,有一个拉美裔年轻人在切蔬菜,看上去也就20岁出头。

"下午好,布莱恩。你来得很早啊。"乔的语气没什么特别,好像布莱恩已经在这儿工作很多年了。

"嗨,乔。你有时间吗?"

"当然有。"乔关上收银台的抽屉,两人找了张旁边的桌子坐下。

"嗯,你不会要跟我说,不想在这儿干了?"乔的语气中流露出些许的讽刺意味。

尽管在过去半分钟之内,布莱恩确实曾数次打退堂鼓,但是现在他绝不能放弃:"你觉得如果我来辞职,还会穿上这件T恤衫吗?"

乔笑出了声。

"另外,我不能从我自己的餐厅里辞职吧?"

"没错。那么你想跟我谈些什么？"

"我想让你告诉我餐厅的生意怎么样？"

"这样的问题，你难道不应该在入伙之前就问吗？"乔挖苦布莱恩。

布莱恩咧嘴笑着，回应道："可说呢，确实应该这样。我觉得我真是太笨了。嗯，经营情况到底怎么样？"

乔思索整理了一下思路，说："我们80%的生意是在周末，也就是你工作的时间段。按照全年的收支情况来看，有时略有赚头，有时会亏钱。12月、2月、7月和8月这几个月因为是度假旺季，我们的收益就会比较好。如果当年老天爷给力，能下点儿雪，就能多赚点儿。如果不下雪，就赚不到多少钱了。"

"明白了。除了餐厅的季节性特征，你遇到的最大的难题是什么？"

乔耸了耸肩，说："我说不好。我觉得一部分是我本人的问题。我对努力赚钱这件事不太感兴趣，只要我有时间滑雪、钓鱼和打高尔夫球就行。我没想当什么大富豪。"

布莱恩点了点头，说："好吧。不过要是你真的想赚更多的钱，你觉得你能赚到吗？"

乔立刻答道："能赚一点儿吧，可能吧。也许不会赚到很多钱。餐厅位置有一点儿偏僻，我的员工队伍非常杂，尤其是常年在这儿干的那几个员工。"

"所以，员工流动率挺高是吧？"

乔点点头，可以看出他有些许的不快。

"你觉得原因是什么？"布莱恩问。

"我怎么知道？这里的大多数人都不是实干家。你明白我的意思吧?"

"那么,他们是什么样的人?"

"我不知道。许多店员来了去了,很难有长期固定下来的。我确实不知道他们闲暇时间干什么。不过,我觉得不知道是好事,因为根据我的猜测,有些人做的事情可能是违法的。"说到最后,他笑了。

布莱恩追问道:"但是人们为什么会离开餐厅?你总会有点儿想法吧。"他尽量让自己的提问不要显得不太礼貌。

略微思索片刻之后,乔答道:"你知道,布莱恩。他们在这儿赚不到大钱,这儿也不是什么大买卖,就是些出卖劳动力的活儿。哪有什么办法能留住他们呢?能让他们准时来上班都是件难事儿。"说着,乔看了看表。

"如果他们真的在乎这份工作,或者能够准时来上班,你想让他们做什么?"

乔耸了耸肩,说:"让他们把客户点的餐送到,比如别把客户点的沙拉忘了。能这样就很不错了。"乔开起了玩笑。

这时,电话铃响了。"不过也许你能有什么办法。所以我才付给你高薪哦。"他从桌边站了起来,边拍了一下布莱恩的后背边说,然后去接电话。

员工拼盘

周四晚上，当班的员工陆续来上班了，布莱恩向他们做了自我介绍。大多数员工并不知道餐厅来了新经理，不过，他们也并不在乎这件事。他们像往常一样各归各位开始工作，没人解释为什么迟到。

周末共有9名员工上班。当天，在餐厅开门营业之前，布莱恩颇费心力地记住和了解他们每一位的名字和各自的工作职责。

华金是主厨，负责所有荤菜的烹饪，包括鸡柳、煎鱼和牛排，还有意大利面。华金是危地马拉人，身材矮小，蓄着大胡子，一侧脸上有一个伤疤。他的英语很糟糕，只是零零星星地蹦几个词，连不成句，口音特别重。

肯尼的工作类似帮厨，负责制作各种菜品，包括沙拉、比萨、冰激凌甜品等。肯尼身高超过2米，体重不到200磅（约90.7千克），布莱恩从来没见过这么瘦的人。他说话的口音夹杂着俄克拉何马市区和乡下的方言，和华金一样，说的话很难让人听明白。

特里斯坦是新来的员工，那天布莱恩打的求职电话就是他接的。特里斯坦主要负责前台工作，包括接电话、引导客户就座、收款、找零等。他看起来像十六七岁的未成年人，其实他已经25岁了。

萨尔瓦多是墨西哥人，瘦小、安静，负责清洗碗碟，有需要的时候也打扫厨房和洗手间。

卡尔负责免下车取餐窗口的服务，也在厨房给华金和萨尔瓦多打下手。布莱恩已经注意到，卡尔看起来40多岁，手上戴着结婚戒指，小臂上文着"和平"主题的文身。

哈里森身材高大，蓄着红色的络腮胡，他主要负责送外卖。他开的雪佛兰羚羊车车门上贴着写有"吉恩和乔餐厅"的磁力宣传牌。布莱恩记得有一两次哈里森到自己家里送过外卖。

服务员乔琳是一位外形甜美的金发美女，20岁出头的年纪，戴着钻石样鼻钉。乔琳负责餐厅一半的招待工作。

负责餐厅另一半招待工作的是帕蒂。帕蒂看上去大概30岁，但是布莱恩觉得帕蒂在努力往年轻里打扮。

接下来是米格，一位年轻的员工。上次布莱恩来讨要少给的沙拉时，米格正在准备餐品。他的真名叫米格尔，不过大家都叫他米格。米格像自由人一样，哪里需要到哪里。他的工作职责包括做比萨、清理餐桌、招待免下车取餐窗口的客户等。

当然还有一位，那就是乔老板。餐厅生意多得忙不过来，有人请病假或旷工，或者临时出什么问题的时候，他会帮忙。总体来说，临时出问题的情况还不少。

开场秀

　　布莱恩对于新职位的焦虑情绪，一直延续到当天餐厅开门营业，客户陆续前来用餐。然后，布莱恩发现自己重新找到了身为某个集体中一员的感觉。当然，餐厅只有JMJ公司的几分之一大，但是现在手下有员工、有客户，这就够了。布莱恩觉得挺满足。

　　对吉恩和乔餐厅来说，那个晚上是一个普通的周四晚上，曾在白天见过餐厅空荡荡模样的人，无论如何也不会想到晚上会如此热闹。虽然前来用餐的客户并非西装革履，或穿着时尚讲究的运动外套，但是他们绝非来路不明的混混或者落魄的流浪客，他们只是在一整天的滑雪运动或其他什么游玩项目之后，显得有些疲倦和漫不经心。

　　乔让这位刚刚走马上任的经理随意观察餐厅的经营状况，同时要他有空学习使用收银机。布莱恩很快上手了收银机的操作。他的闲暇时间相对较多，有时他会帮忙清理餐桌，或者把比萨、意大利面等餐品从后厨送到客户面前。

　　那天晚上时间过得飞快。因为餐厅位置有些偏远，附近也没什么酒店，因此打烊时间相对较早。最后一位客户走后大概一小时，差不多10点多的样子，布莱恩和米格关上了餐厅正门。当天乔允许布莱恩提前下班，但是布莱恩坚持等到餐厅打烊再离开。

　　在锁上餐厅前门，转身离开之际，布莱恩惊讶地发现停车场还有一辆车，刚好停在自己的车旁边。他走近一看，原来是莱斯莉的车，但是车里没有人。然后，他转身在自己的车里看见了正坐着看书的妻子。

他打开车门,迎接他的是妻子会心的微笑和车里暖气发散出来的一股热气。

"你来这儿干什么呢?"布莱恩问。

"等着我的老公结束第一天的工作啊。走吧,我们去吃点儿甜品。"

跟妻子述职

布莱恩和莱斯莉开车到了南太浩湖边,他们找了一家叫作"高山快车"的传统美式餐厅。餐厅很干净,坐满了就餐的客户。

他俩刚一就座,莱斯莉就急不可耐地发问:"今天的工作怎么样?顺利吗?"显然,比起布莱恩刚开始告诉她这份工作的时候,她的好奇心增加了不少。

"跟我预计的不太一样,但也在情理之中。"

"比你预计的,更好还是更糟糕?"

布莱恩想了一会儿才回答:"有好有坏吧。"

莱斯莉眉头一皱,问道:"是吗?你不会辞职吧?"

"那倒不会。没那么糟糕,工作本身不难。其实换换口味,做点真正的体力劳动是件挺值得高兴的事情。"

"那糟糕的是什么?"

"情况比我预想得更加让人失望和难受。"

"怎么讲?"

布莱恩耸了耸肩,说:"我说不清。我的意思是,我在汉堡队长和卡洛斯餐厅工作过,我知道餐厅不会像游乐场那般热闹。可是这家餐厅简直像一个太平间,死气沉沉的。我简直无法相信他们每天晚上都是这样的。"

"也许,现在的餐厅工作环境就是这样的。"

布莱恩眉头紧皱着,说:"我觉得不是这样的。"他像在努力说服自己接受自己的答案,"当然我不希望是这样的。"

"员工的工作态度都怎么样？"

一时之间，布莱恩不知道怎么回答。他犹豫着说："还行，但是几乎没什么积极性可言，就好像他们根本不在乎正在做的事情。坦白地讲，客户似乎也并不在乎，他们只把餐厅当成一个能随便吃点儿热乎饭菜的地方。"

他打量着餐厅周围，想要找一位服务员点餐："看起来这个地方也有同样的问题。服务员怎么还没过来呀？"

当他们已经放弃找服务员，把目光收回到桌子上的甜品菜单上时，终于有人来了。

"很抱歉让你们久等了。"

说话的是一位男服务员，20岁左右，他的胡子真是让人不敢恭维。他微笑着自报家门，说："你们好，我是杰克。想吃点儿什么？"他这一笑，露出了嘴里戴着的牙套。

"有什么推荐的吗，杰克？"莱斯莉总是愿意倾听他人的建议。

"如果你想点点儿甜品，我建议你尝尝酥皮桃子饼和德式巧克力蛋糕。"

"苹果饼怎么样？"布莱恩提了一个问题。

"不太建议你点，因为苹果饼不是我们的招牌，我都觉得不如我妻子做得好吃。"

莱斯莉看了看布莱恩，好像是在说："他都已经结婚啦？"

"那你们家的提拉米苏怎么样？"

这时，服务员杰克皱了皱鼻子，说："我个人不喜欢提拉米苏，所以我不好回答这个问题。但是我得告诉你，我从来没听哪个客户说过店里的提拉米苏好吃。"

贝利夫妻还没想好点什么甜品，这时服务员开始主动寒暄起来："两位是来度假的吗？"

莱斯莉比布莱恩更加外向一些，因此一般都是她先回答问题。她说："不是，我们住在附近。"

"那你们是滑雪爱好者喽？"

"以前是，但是他的膝盖受伤了。"莱斯莉朝着布莱恩示意。

"哎哟，那运气可是不太好。受伤严重吗？"杰克的语气很诚恳。

这时布莱恩插话说："严重到我一年都不能从事体育运动。"

友好的服务员蹙起眉头，难过地表示："你一定很想运动。"

布莱恩点头表示默认。

"你试过摩托雪橇吗？"

这时，莱斯莉已经点好甜品。她放下菜单，重新加入谈话，说："我还真的一直想要试试摩托雪橇。"

布莱恩颇有兴致地看着妻子，说："是吗？"

"嗯，没错。看上去很好玩儿。"

杰克开始给莱斯莉"煽风点火"。"在离这儿几个街区远的地方，能租到摩托雪橇，学上一刻钟，你们就能自己开了，膝盖摔伤的人也能玩儿。你们可以两人骑一辆，一天不到200美元。价格不是那么便宜，不过如果你们愿意花这个钱的话——"他没继续说下去。

"嗯，谢谢你，杰克。"莱斯莉真心感谢杰克的建议。

布莱恩微笑着，既是朝着富有工作热情的杰克，也是朝着拥有同样热情的妻子莱斯莉。另外，他觉得和妻子一起骑摩托雪橇这个主意，听上去确实不错。

他们点完菜后，杰克离开了。

"也许我刚才说的关于餐厅工作环境的话，是错的。我觉得你应该聘请刚才那个服务员。"莱斯莉愉悦地发出了建议。

"咱俩心有灵犀啊，我也是这么想的。我应该今晚就向他发出工作邀约。"布莱恩真是这么想的。

这话反而让莱斯莉觉得有点莫名其妙，说："我开玩笑呢，布莱恩。你可不能真的聘请他。你才工作一天，你可不能刚上任第二天就跟员工说你聘请了一位新员工。"

布莱恩笑着说："我可以这样做。别忘了我可是餐厅老板。"

莱斯莉笑出了声："难道你不觉得应该先跟乔商量商量吗？"

"你开玩笑吧？就算是优秀员工找上门，乔都未必分辨得出。这也许正是餐厅状况为何如此一塌糊涂的原因。"

这时，一位看上去比杰克年长几岁的服务员拿着咖啡和热巧克力走了过来，边把饮料端上桌，边说："稍后杰克会把您点的酥皮饼送过来。"

莱斯莉想满足一下自己的好奇心，于是她问："不好意思，我想问一下，你认识杰克吗？就是我们这桌的服务员。"

男子愣了一下，说："当然认识。怎么了？有什么问题吗？"

"不是，没什么问题。我们是觉得杰克的服务非常周到，就想问问他在这儿工作多久了。"

"他来这儿一年多了,从里诺来这边上社区大学,几个月前刚结了婚。他是我们这儿的优秀员工之一。"

"你是这里的老板吗?"

"我不是老板,是店面经理。"

布莱恩觉得有些奇怪,于是他插话道:"你说杰克是优秀员工之一,这么说还有其他员工像他一样优秀喽?"

经理思忖片刻,答道:"对,还有几个也非常不错,跟杰克一样棒。不过大多数员工招待客户时,并不能做到应对自如。"

布莱恩笑道:"我能问问你们是通过什么样的方式招聘到他的吗?"

经理耸了耸肩,答道:"好像当时是我们老板在报纸上登了招聘广告。我也是看到广告之后来应聘这儿的工作的。"

"你们老板支付的薪水,跟周边其他的餐厅比起来,算高吗?"

经理似乎从来没考虑过这个问题,他试着答道:"我不太清楚。我觉得算不上高,但是这里的小费可能比其他餐厅多一些。大概这样。"

这时,杰克端着酥皮饼走过来。经理说了一句:"请您慢用。"然后就笑着离开了。

看着杰克把盘子放在桌子上,布莱恩决定冒险一试。

"杰克。你觉得这里的工作干得怎么样?"

这位年轻的服务员丝毫没有犹豫地答道:"我非常喜欢在这儿工作。"然后他面露尴尬地纠正了刚才的话,"我的意思是,我应该不会一辈子都在这儿上班,但是说实话这是一份非常不错的工作。"他微笑着，满脸真诚。

"你觉得是什么原因让你这么喜欢这份工作呢？"

杰克快速看了一眼自己负责的另外两张桌子，那里刚刚有客户落座，但是他尽量让自己专注于和面前这位客户的谈话。他说："我说不好，也许你可以问问杰瑞米。"

"杰瑞米是谁呢？"

"是我们的经理，就是刚刚给你们上热巧克力的那个人。"杰克边扫视那两张桌子，边说，"抱歉，两位。我得去服务一下那边的客户。如果有需要，我会很快回来。"

布莱恩挥了挥手，说："去吧，我们没什么事。不用担心。耽误你的时间了，很感谢你的服务，杰克。"

年轻的服务员走开之后，莱斯莉半真半假地问布莱恩："你为什么没向他发出工作邀请呢？"

布莱恩点点头，说："因为他是不会接受我的邀请换工作的。"

看到莱斯莉有些不解，布莱恩解释道：

"一个工作努力、心态阳光的大男孩，怎么可能想要在'吉恩和乔'那样让人情绪低迷的地方工作呢？让杰克离开这里去'吉恩和乔'，我连想都不敢想。我想招聘新员工之前，必须先做出一些改变才行。"

"哪些改变呢？"莱斯莉想搞清楚。

布莱恩乐呵呵地说："我还不知道究竟是什么，但是我等不及想要去找寻答案了。"

在那一瞬间，莱斯莉看见了爱人眼里的光，这些天来，他太需要这样的难题了。

时机已到

尽管想立刻着手改变吉恩和乔餐厅的管理现状，但是布莱恩强迫自己先冷静下来。同时他打算多观察一个晚上再做结论。说起来，那可真是一个漫长的夜晚。

首先，他观察到免下车取餐窗口有三位客户因为拿到的外卖缺少东西而返回餐厅。其中有一位客户甚至回来了两次。给客户的菜品弄错了还不要紧，最让布莱恩无法接受的是，员工根本就不在乎犯了错，尤其是卡尔，根本就没当回事。

乔琳和帕蒂对待客户的态度像天气一样变化无常，有时候亲切友好，有时候冷若冰霜，有时候相当没礼貌，她们的表现取决于客户和她们自己当时的情绪。只有米格似乎对工作感到满意，一直在毫无怨言地配合同事做好服务工作，做事干净利落、毫不拖沓。

那天晚上，布莱恩越来越感慨，吉恩和乔餐厅居然可以坚持营业这么多年，这真是不可思议的事。餐厅乱成这个样子，或许下面这个插曲最能说明问题。

周五晚上餐厅9点打烊。还差3分钟到9点，布莱恩正在收银台前清点钱数，突然听见餐厅前面有人用西班牙语大喊："大巴车来了！"很有讽刺味道的是，喊话的是卡尔，而不是某个拉美裔的员工。

他的这句喊叫，好像引爆了炸弹一样，餐厅顿时鲜活起来。数秒之内，员工锁了餐厅的正门，关了餐厅的灯，把大部分椅子倒放在了桌子上。还没下班的员工纷纷躲到了餐厅的各个角落，让外面的人从窗户中看不到。

难道有人来打劫餐厅了？布莱恩想着，走到免下车取餐窗口向外看去。他看见停车场停着一辆大巴车，车窗上有几个用肥皂写的大字："公羊队加油！打赢老虎队！湖景高中加油！"

布莱恩看到，大巴车的前门开了，走下来两个人，看上去兴高采烈的。他们朝着餐厅前门走过来，但走近时他们停住了脚步。看了看腕上的手表，他们摇着头往回走。还有其他几个人陆续下了车，但是被两个先行的人拦住了。餐厅已经关门，他们只好回到车上。一会儿，大巴车重新启动，朝着南太浩湖边亮着灯光的地方驶去。

大巴车一驶离，餐厅里的员工集体爆发出一阵轻轻的欢呼声，大家似乎都松了一口气。两天里，布莱恩从未看到他们如此高兴过。

"是怎么回事呢？"布莱恩看着帕蒂和肯尼所在的方向问道。布莱恩的问题似乎对餐厅里的喜悦氛围略有些影响。

最后，肯尼开口向布莱恩解释道："两个月之前，那辆大巴车来过这儿，他们打烊之前10分钟才来，待到10点半才走。"

帕蒂接着说："这些人是湖边马路一侧一所高中篮球队队员的家长，只要我们看见他们来，就马上锁门闭店。"

他们在说这些的时候，居然没有一丝的难为情，这令布莱恩难以置信。

此刻，布莱恩有点儿后悔，他觉得刚才自己应该稳住心神，走出去把大巴车上的人邀请到餐厅来用餐。这时，这位前任首席执行官做出决定：他观察的时间足够长了，他要着手开始改变餐厅了。

周六晚上，吉恩和乔餐厅的员工即将开始一场新的体验。

工作积极性

第二天,布莱恩很早就到餐厅来上班,他也让乔早点儿到。还有一个多小时其他员工才会陆续来上班,两位老板开始在餐厅坐下来沟通。

乔先说:"希望你找我不是想要拿回你入股的钱。因为当时我已经明确说明,如果你辞职,入股的钱不能退回。"

布莱恩笑道:"我不是跟你提辞职,也不是要拿回入股的钱。"

乔看上去轻松了一些,布莱恩看准时机发言。

"但是我想要求你,让我对这儿进行一些改造。"

乔笑道:"你才来两天呐!不过你随便吧。"他停了一下,问道:"你想改造什么?菜单内容还是装潢风格?"

布莱恩竭力忍住笑。乔居然用"装潢风格"来形容这么破旧的餐厅室内装饰,他的口音让这个词多了几分滑稽,让人实在是想笑。

"都不是,我想的是改变对员工的管理。"

乔略皱起眉头,问:"什么意思?你想开除谁吗?"

"不是,不是开除谁。不过到需要开除员工的时候,我真的会那么做。但是我现在考虑的不是这个。"布莱恩边想边说。

布莱恩不想让乔觉得自己是在批评他,所以他很谨慎地措辞:"我想让员工对自己的工作职责,再多一点儿了解。"

乔似乎不感兴趣,不过他也没生气,这让布莱恩觉得自己的分寸拿捏得还不错。于是他继续说道:"我希望你能帮我把餐厅收拾收拾，这样等员工来上班后，能有时间给他们开个会。"

"好吧，就这么办吧。"乔说。他的反应还是介于无所谓和顺从之间。

这对看似不搭界的合伙人开始联手收拾餐厅，如扫地、擦柜台、擦桌面、切比萨食材、准备菜品等。他们还捎带干了一些小活儿，如把冰箱摆正，把菜单彻底擦干净等。布莱恩感觉那些菜单至少有几个月没擦过了。

到员工来上班的时候，餐厅已经焕然一新。即使最不屑一顾的员工，也能看出餐厅的变化。

卡尔问："这些活都是谁干的？"

"我和布莱恩。我俩只用了45分钟。"

"那么，我们现在该干点儿什么？"卡尔问道。

"我想你们要开个会。我嘛，要去看电影。"

说完，乔就离开了，只剩下卡尔。这次不同以往，卡尔的脸上有了些困惑的表情。

员工会议

布莱恩让员工拿点儿喝的东西，然后集合开会。尽管没有明文规定，但是乔一般不允许员工在打烊之前喝餐厅里的饮料。对此，布莱恩并不知情，也并不在意。

所有人都落座了，只有米格还没来。新任经理开始发言。后来布莱恩跟妻子坦白说，那天晚上他有一点儿紧张，因为不知道员工的反应会如何。他并不在乎员工是发出抗议还是以其他方式暗自对抗，但最让他害怕的是，员工完全无动于衷。

布莱恩不打算拐弯抹角，他开门见山，直入主题，说："我想知道，你们有多少人喜欢自己现在的工作？"

没人回应。员工互相看看彼此，面无表情，好像布莱恩说的是外语。

"嘿，每个人都有点儿回应好吗？举手告诉我，有多少人喜欢你们的工作？"

缓慢地，房间里每个人都举起了手，但似乎毫无诚意。

布莱恩笑着说："好吧。让我澄清一下，我不是在问你们有多少人想继续在餐厅上班，我也不会因为谁没举手就开除谁。"

布莱恩意识到他的这番话并不能赢得在座听众的信任，于是他重新措辞，换了提问的方式："这样吧。有多少人对于来这儿工作会觉得兴奋？有多少人在开车来这儿上班的路上会觉得心情不错？"

还是没人举手，不过，有几个人没忍住笑出了声。

帕蒂没有举手，但是她说："嗯，我家里有三个吵个不停的孩子，所以我离开家的时候确实很兴奋。"其他人哈哈大笑。

"但要是有机会去别处上班，我会更高兴。"帕蒂把话说完。

布莱恩也和房间里的其他人一起笑了起来。

卡尔主动插话说："其实我每周四早上起床的时候都有点儿郁闷，因为我知道后面几天我都得来这儿干活。"

卡尔的此番坦白似乎让其他同事有些惊讶。

布莱恩将对话拉回主题，说："我想告诉各位，我的工作是让大家热爱自己的工作，让大家期待来这里上班。"

房间里各位脸上的表情很复杂，有不信任和困惑，也有厌烦和无聊。

布莱恩当然知道，自己绝不能指望这支阵容复杂的队伍立刻接受自己的想法，然后欢呼着把自己扛在肩膀上绕着餐厅走个来回。他可不是诺玛·蕾（美国的一位员工领袖。——译者注）。

"你们可能觉得我有神经病，但是我想说，我确实相信，如果你们更喜欢自己的工作，那么餐厅的生意就会有起色。"

"那请问您，这对我们有什么好处吗？"哈里森礼貌地提出问题。

布莱恩差点儿想要朝着这个送外卖的家伙大吼。工作没那么痛苦难道不好吗？让自己的生活轻松点，以自己的工作为骄傲不好吗？难道你不觉得这样对你自己、你的家人和朋友会更好吗？还是你很享受每次一穿上吉恩和乔餐厅的工作服就像能量瞬间被抽走的感觉？

但是，布莱恩知道这些人没有理由信任或相信自己，只有看得见、摸得着的激励才会奏效。于是，他宣布："在接下来的两个月里，周末当班的员工，每小时工资涨1美元。"

这一刻，听众的眼睛亮起来了。布莱恩继续出击的绝好机会来了，趁机跟大家把规则说定、讲好。

"不过前提是，每个人都按计划做事。只要有一个人搞砸了，大家的这1美元就没法兑现了。"

此刻，布莱恩才从员工身上感受到一丝丝难以察觉的责任感："但是大家记住，我让你们做的，是你们之前从未做过的一些事。明白吗？"

特里斯坦举起了手，他缓了缓情绪，问道："你不会让我们去干非法的事儿吧？"

布莱恩笑出了声，然后他突然意识到特里斯坦是认真的，赶紧说："不，不，当然不是非法的事儿。只是跟以前有些不一样。"

房间里的其他人都笑出了声，气氛轻松了不少。布莱恩继续说道："我们需要做的第一件事是，准时来上班。"

说得早不如说得巧。就在这时，店门被打开，米格走了进来。餐厅里的人有些紧张兮兮地笑了起来。这个奇怪的场景：会议，笑声，还有干净的餐厅环境，让米格不知所措。

此时，很可能安慰比责备的效果要好得多，于是深知这一点的布莱恩说道："来，米格，请坐。我们刚才正在强调准时来上班的重要性。"

再一次全场哄堂大笑。没等米格说迟到的理由，布莱恩接着说："但我不是在说你，你没必要告诉我今天为什么迟到。没人会找你的麻烦，我说的是以后。"

得到赦免的米格默默在一旁坐下。

"但是，从现在起，我需要在座的每一位准时出现在自己的岗位上。如果有事不能按时到岗，提前给我打电话请假。"他停了一下继续说，"对于这一点，大家应该不会有什么问题吧？"

似乎没人反对。就在这时，华金举起了手。布莱恩示意他说话。这位来自危地马拉的厨师开始冲着米格说西班牙语，米格临时充当起翻译。

"他想知道是否某些晚上他可以早到一会儿，其他晚上晚到一会儿，因为他在一家加油站上白班，有时候很难准时赶到。"

其他员工像是没料到会有人提这么大胆的问题，他们密切关注着眼前的局面，想看看新上任的经理如何作答。布莱恩有些羞愧，他居然没想到有些员工可能同时打几份工。

他思忖了片刻，用西班牙语答道："为什么不可以？如果你能及时准备好菜品，我的答案是肯定的。"

房间里拉美裔的员工大感惊讶，一是因为布莱恩居然会讲西班牙语，二是因为他的回答内容。

米格再次充当了翻译，不过，这次是把西班牙语翻译成英语，给不懂西班牙语的员工听。"他说为什么不行呢？如果你能保证不耽误自己的工作，我的答案是没问题。"说完，他看着布莱恩，像是征求他的意见。布莱恩冲他点头表示肯定。

这一刻，似乎房间里的每个员工都被这位新任经理的答案惊呆了。

布莱恩意识到，乔很可能极少倾听员工的建议。他接着说："好，除了准时上班，我还需要在座的每一位开始量化测评自己的工作。俗话说，工作没有量化测评，就无法得到改善。我相信是这样的。"

布莱恩意识到，也许不是所有员工都能完全明白自己这番话的意思。于是，他继续说："不用担心。我会帮助各位搞清楚你们应测评什么，以及如何着手对自己的工作开展量化测评。实际上，在座的大多数，今晚就将开启量化测评工作。"

布莱恩觉得自己今天说得差不多了，行动大于一切。因此，他给会议收了尾："好，在营业之前我们还有几分钟时间。大家去做准备吧。"

人群散开之后，布莱恩简单给米格解释了他错过的会议内容，米格对此表现得大为感兴趣，甚至他还不知道自己涨工资的事情。然后，布莱恩开始付诸行动，他决定从让他最头疼的卡尔开始。

第一项考验

周六的晚上，吉恩和乔餐厅相当忙碌和拥挤，神情疲倦的滑雪者和想随便吃口快餐的本地人是主流就餐群体。在周六晚上，布莱恩从来都不以为意的免下车取餐窗口生意尤其兴旺，大多数在窗口点餐的客户都是路过这里的滑雪游客，是要返回里诺的。

餐厅冷漠服务态度的代言人卡尔主要有三项工作职责：收到客户的订单，在后厨的帮助下准备好客户的餐品，从窗口递给客户并收款。其中的每项工作，他都做得马马虎虎。

卡尔总是磨磨蹭蹭，准备餐品经常出错，服务态度也很敷衍。但是，乔并不在意，因为他从来也没觉得餐厅的这部分业务有多重要。"这有什么关系呢？"乔曾经这么跟布莱恩说。

然而，布莱恩注意到，卡尔出错的频率可是够高的。每当卡尔出错，就会引起餐厅内部的连锁反应。华金可能得准备一份额外的外卖；如果不满意的客户找到前台，特里斯坦将不得不花时间搞清问题所在；乔也常常不得不跟客户道歉，并且要其他员工做些什么以弥补眼前的问题。结果，每个人的工作都会落下那么一点儿，造成工作积压和着急赶工。

对于该如何让卡尔的工作变得能够被量化测评，尽管布莱恩心中已有打算，但他还是想给卡尔一个自己思考答案的机会。趁着有一阵儿免下车取餐窗口没有客户等候，布莱恩把卡尔叫到一旁，让米格帮忙留意窗口的情况。

在他们在餐厅里坐下来之后，布莱恩开始发问："卡尔，怎么才能很好地测评你的工作呢？"

卡尔茫然地看着布莱恩，耸了耸肩，答道："我不知道。"

布莱恩再度尝试，说："比如在今天晚上结束时，一切都已经收拾妥当，你怎么知道你在免下车取餐窗口的服务是否圆满完成了呢？"

卡尔略微想了想，答道："根据驶来的汽车数量或者收到的订单数量？或者根据客户等待的时间长短？"

布莱恩点了点头，耐心地说："嗯，你说的这些，当然都是不错的标准。但是，来点餐的客流量是你无法控制的，因此可以作为衡量你工作的一个不错的标准，但它不是你工作是否出色的标准。"

卡尔似乎理解了其中的逻辑，点头表示同意。

布莱恩继续说道："人们等待的时间也许是一个不错的标准，但还是那个问题，这取决于不受你控制的很多因素，比如厨房里的人手有多快。"

卡尔再次表示同意，说："那你觉得用什么标准好呢？"

布莱恩很高兴能伸出援手进行指导："我刚刚在想，不出错的订单数量应该是一个不错的标准。"

卡尔点头表示同意，说："确实是个好标准。"他表现得一点儿热情都没有，当然也没有丝毫生气的意思。

"还有，也许你需要一些标准来测评你是否能够积极跟客户沟通，好让他们成为我们的回头客。"

"好。"卡尔应答的语气似乎显得他并没有真正明白布莱恩的意思。

布莱恩继续说："客户在免下车取餐窗口点餐时，你记录下来让他们微笑的次数怎么样？"

"让他们微笑？"对于卡尔来说，就像是布莱恩让卡尔爬出窗口给客户做背部放松按摩一样不可理喻。

"没错,为什么不呢?他们微笑说明他们心情愉悦,这绝对是你能控制的东西。"

卡尔考量着布莱恩的话。

"如果你能让某个客户哈哈大笑,那么就相当于四次微笑。"

"我真没明白。这有点儿奇怪。"

"试试看吧,我不是让你讲笑话或扮小丑。当然,如果你想讲笑话也没问题。只是尽量冲客户微笑,问他们一两个问题。我打赌会有效果。比如,问问他们今天的滑雪如何,或者要去哪里。"

或者是卡尔意识到这事试试无妨,或者是他想起来每小时1美元的加薪在此一举。总之,无论是出于哪个原因,卡尔点点头,说:"好吧,我试试。"

"从那里拿一个大点儿的餐垫,在背面记下你的得分。把餐垫放到窗口旁边,记录你犯错误的订单数,以及客户向你微笑致谢的次数。"

"难道你不想让其他人也做记录吗?"

布莱恩颇为不解,问道:"为什么还有其他人?"

"你怎么知道我不会作假呢?"

布莱恩忍不住想笑,不过,他故作严肃地说:"因为我不认为你是那样的人。"然后,他故意悄悄地四下看看,像是为了确保周围没人偷听一样。他低声对卡尔说:"另外,我在餐厅各个角落都安装了秘密摄像头,没什么能逃过我的眼睛。"

在这一刻,布莱恩第一次看见卡尔脸上露出了笑容。当然,这笑容转瞬即逝。但是不管怎样卡尔笑了,布莱恩觉得卡尔可以做到。

轮番过招

　　布莱恩突然感觉自己信心倍增。他趁热打铁，逐一找其他员工讨论对他们各自的工作如何进行测评的事。

　　关于帕蒂和乔琳的岗位测评方式，他们仨一致认为小费金额是相当不错的测评方式。但是，布莱恩也建议他俩计算客户主动提供的测评数量，包括服务员直接收到的反馈或从某个员工那里得到的间接评价。测评方案很快就获得了两人的认可，这超出布莱恩的意料。布莱恩猜测，这可能是由于两人的性格都比较随和，当然激励机制也应该起了作用。

　　作为收银员和接线员，特里斯坦的工作较难测评，但是在拒绝了布莱恩的几个建议之后，两人制定了三项可测评的内容：一是把客户的账单交给服务员的及时性，二是清理餐桌和引导客户落座的能力，三是接电话的及时程度。其中，前两项内容部分取决于帕蒂和乔琳的反馈和评价。

　　华金和肯尼的工作主要是在厨房，比较容易测评，主要测评方式是他俩完成客户订单的时效性以及客户对菜品的评价。由于厨师很少有机会跟享用自己产品的客户直接接触，因此第二个测评内容也主要依赖于身为服务员的同事的反馈。

　　布莱恩认为，不能用送货的及时性来测评外卖送货员哈里森的工作。因为送货时间很大程度上不受哈里森的控制，而更取决于厨房加工菜品的速度，而且布莱恩绝不想让哈里森为了抢时间而超速驾驶。哈里森的工作表现应该通过小费、订单准确性以及客户的反应来测评。不过，身材魁梧、留着大胡子的哈里森显然不是愿意记录客户微笑次数的性格，因此布莱恩跟哈里森沟通的时候，使用了不同的策略。

洗碗工萨尔瓦多的工作将通过是否及时为其他员工提供充足的碗碟和器皿，以及其清洁程度来测评。

米格的工作最难进行测评，因为他的工作内容非常杂。米格和布莱恩达成一致，餐厅内其他员工的反馈是衡量米格工作的最佳指标。尽管布莱恩建议在每天晚上结束时，由米格自己亲自征集同事的反馈，但是年轻的米格坚持由布莱恩出面，以确保同事能够提供客观的反馈信息。

当天结束时，每个员工都形成了测评自己工作成效的方式，有些人甚至已经将其应用于实践。对于新开展的测评项目，布莱恩不能肯定地说每个员工都兴致昂扬、充满期待，但是他真切地感受到，餐厅内一种微妙的工作热情正在逐渐散开。这种热情，他认为不仅仅是加薪的刺激所产生的作用。

那天晚上，餐厅打烊的时候，布莱恩感到异常兴奋，他很期待在下周四自己的这个新项目能够完全上马。

孩子们泼的凉水

回到自己和爱人心爱的木屋时，布莱恩看见木屋前的车道上停着一辆之前从未见过的车。走近了仔细一看，布莱恩看出这辆车是租来的。他打开前门，看到了莱斯莉和女儿琳恩，两人脸上的笑意似乎有些意味深长。

琳恩本来是搭乘飞机来南太浩湖的希尔顿酒店参加面试的，但是最近她在电话中跟两个哥哥进行了一次三方通话，之后她便决定给自己的这次行程增加一项内容：来打探一下老爸的精神是否正常。

在例行的寒暄、拥抱和闲聊之后，一家三口在客厅坐下。遇事从不退缩的琳恩主动挑起了这个重要的话题。

"老爸，你的新工作干得如何？"尽管她是笑着问的，但是语气中似乎有些悲凉。

布莱恩一点儿也没有觉得被冒犯到。他答道："嗯，你妈妈一定给你说了吧，我现在是山脚下一家意大利小餐厅的合伙人，刚才你在来这儿的路上很可能已经路过这家餐厅了。我每周四、周五和周六去那里做管理工作。"

"你为什么要做这么无厘头的事情呢？"

布莱恩感觉出琳恩语气中的柔和，女儿对他的尊重让他感到欣慰。他笑着说："我知道这事有点儿……嗯，也许'无厘头'这个词你用得挺准确。但是我有自己的理由，其实我非常高兴这么做。"

琳恩眉头微蹙，说："他们给你多少钱？1小时8块吗？"

布莱恩笑道:"其实他们根本没给我报酬。我是老板,我决定放弃工资。"

莱斯莉轻声插话道:"很明显,他不是为了钱才干这个的。"

"很抱歉我的问题有点儿多。但是,老爸,你究竟是为什么才这么做呢?"

布莱恩跟琳恩讲了职业生涯突然终结给自己带来的困扰,他也讲了里克·辛普森对自己说的那番话,他还跟女儿解释了知道世界上有这么多人痛恨自己的工作这一事实之后,自己感受到的焦虑和沮丧,以及他是如何觉得也许自己的使命是帮助他人在工作中找到乐趣。

就像一周之前跟妻子的沟通,布莱恩的话极具说服力。也许因为琳恩此时也在求职,又或许琳恩原本就有很强的同理心,总之,她似乎很能接受和理解自己父亲的想法和感受。

"那么,你打算干多长时间呢?"

布莱恩一时语塞,好像之前他真的从未考虑过这个问题:"我不知道,两个月或者半年,也许一年。"他一边思索,一边回答。

听到这话,莱斯莉坐不住了,说:"一年?你不会真的想在那里待那么久吧?"

"这取决于我需要多久才能把事情搞清楚。"

"把什么事情搞清楚?"琳恩不解地问道。

"怎么能帮助餐厅的员工找到某种工作充实感,还有搞清楚为什么那么多做类似工作的人如此痛苦不堪。"

"好吧,现在我帮埃里克问一个问题。"为了怕出错,琳恩特意看了一眼她记录下来的问题清单,"找到了。埃里克想让我问你:'老爸,你是不是疯了?'"

布莱恩大儿子耿直鲁莽的性格逗得三个人都哈哈大笑。

"你告诉埃里克,不用担心我,我很清醒。"

此刻,琳恩看上去似乎挺满意这次沟通的效果,所以全家人把谈话的焦点从布莱恩的新工作,转移到了琳恩的面试上。

成效初显

对布莱恩来说,下一个周四的晚上,来得异常迅速。

上周六晚上打烊之前,布莱恩逐一提醒每个员工准时上班。结果是,这个周四全体准时上岗,这让布莱恩异常高兴。遗憾的是,他计划中的测评部分开展得不甚理想。

有些员工早已把要记录自己工作表现的事儿抛之脑后,还有些员工似乎很难把工作做得不同以往。布莱恩提醒自己,这些员工并不是什么优秀员工,其中有些人能达到及格线就已经很勉强了。这周围顶级的服务员、勤杂工和厨师,肯定都在高档餐厅或者星级酒店任职。他非常清楚,吉恩和乔餐厅的员工的天赋和资质不过如此。不过,这让布莱恩更下定了要帮助他们的决心。布莱恩提醒自己不能操之过急。

经过布莱恩的努力,到周五晚上工作时间过了一半的时候,测评系统实现了正常运转。他注意到,服务员要比以往更加关注客户给的小费,厨房的员工也更加在意做菜花费的时间。在让客户微笑这一点,卡尔的运气不太好,但比起上一周,他对客户的态度明显要更加友好。另外,在把外卖从窗口递给客户之前,他会再次检查餐品是否有误。

在吉恩和乔餐厅工作的每个员工的表现似乎都有所改善,只是程度不甚相同。周六晚上快打烊时,大家互相查看彼此的分数,比较各自取得的成绩。

到了下一个周末,吉恩和乔餐厅的员工的情绪和工作成效开始出现改善的迹象,尽管并非显著,但是显然可以察觉。服务员得到的小费更多了，员工的错误有所减少，餐厅看上去也更加整洁、干净。布莱恩觉得自己的实验取得的成果要早于预期。对此，他相当得意。

更重要的是，员工彼此谈论工作的时间多了，其实，过去他们很少有类似的交流。现在他们互相提出建议，帮助彼此提高工作效率，改善和客户之间的沟通，以实现跟客户之间更友善亲切的交流，收获更多的小费。

那个周六晚上快打烊时，布莱恩正帮助米格、特里斯坦和卡尔做收尾工作。这时，发生了一件事，这让布莱恩这几天感觉到的骄傲和自豪消失殆尽。

表面之下的真相

布莱恩正在锁收银机,其他员工正在餐厅里做收尾工作,比如擦拭餐桌、清洁地面、放倒椅子等。

"嘿,卡尔,今天你收到了多少个微笑?"布莱恩问卡尔。

卡尔的回答让布莱恩感觉天昏地暗。"我不知道。"卡尔说。

"你不知道?什么意思啊?"

卡尔拖着地,漫不经心地回答道:"我忘了做记录。"

布莱恩和在餐厅内忙碌的其他员工,都觉得吃惊:"你忘了?"

卡尔耸耸肩,满不在乎地说:"我只是不明白这有什么意义。"

还没等布莱恩说话,特里斯坦抢先答道:"1小时1美元呢,老兄!你觉得我真的在乎算账单的速度吗?让你做,你就做好了。"

卡尔点点头,看着布莱恩说:"很抱歉。下周我会注意的。"他回头看了看特里斯坦和米格,说:"抱歉。"

布莱恩向他们保证,只要卡尔愿意继续遵守规则,大家的加薪不会受影响。但是这时,布莱恩意识到一个让人伤心的事实:他的实验计划缺少点什么东西,如果不把这个东西找出来,计划注定会以失败而告终。

那天晚上,布莱恩回到家之后,绞尽脑汁地回想当年自己和其他管理者是如何让JMJ公司的员工享受工作的。尽管那些年凭借超高的员工满意度,JMJ公司获得了无数的赞誉和关注,但是公司管理层从来没有很具体或很刻意地追求员工满意度。"我们只是以自己希望被对待的方式去对待员工。"在颁奖晚宴或新闻发布会上，布莱恩总是这么说。

然而，现在看来这并不够。布莱恩需要做一些详细分析来厘清自己的理论。最好在周四之前就能搞清楚，否则他在餐厅辛苦开创的良好势头将受到影响。

布莱恩意识到，缺少的这个东西就是他自己需要外援。于是他坐在电脑前，给不少前同事发出了邮件，其中有些同事仍然在JMJ公司工作。他向JMJ公司的人力资源部领导、运营部副总裁以及其他几位生产线经理发出求助信，请他们谈谈在员工士气和生产力方面的关键推动力有什么。

几天之内，回复邮件陆续到达布莱恩的邮箱，布莱恩如饥似渴地阅读了一封又一封邮件。尽管没有人完整地或者特别准确地回答布莱恩的问题，但是在阅读邮件的过程中，布莱恩找到了在吉恩和乔餐厅开展后续工作的新思路，同时也给自己在餐厅的工作热情充足了电。

老板查岗

又到了周四，布莱恩很早就到了餐厅，他很高兴地看到乔也在。两位老板简单收拾了一下餐厅，然后坐下来聊天。

乔先开口说："怎么样？你还满意在这儿的工作吗？"

布莱恩一边点头一边说："嗯，是的。我觉得还不错。你呢？"

"嗯，我已经在这儿干了30多年了，所以习惯了。"

乔的幽默略显生涩，布莱恩给面子似的笑了笑作为回应："我不是说这个。我的意思是，你觉得我在这儿干得怎么样？"

"哦，这地方没着火，从账单上来看，生意也还不错。我感觉，一切良好。"

这时，萨尔瓦多和米格从前门走了进来。

乔低头看了看手表，好像手表坏了一样。然后，他回到和布莱恩的谈话，问道："你的妻子怎么看？"

"你知道，她现在已经非常适应有几个晚上独自在家看看书或者老电影。工作日湖边人不多的时候，我们会出去兜风或者徒步。有一天我们还租了摩托雪橇，到我们家上面的山上去玩了玩儿。"

乔笑道："那么，你想要跟我聊什么？"

这时，前门又开了，特里斯坦走了进来。乔又看了看手表，然后转头对布莱恩说："你是改了员工上班的时间吗？"

布莱恩摇了摇头。

"那他们在这儿干什么？"乔指着厨房里在工作的三个员工

问布莱恩,"别跟我说是他们上班来早了。"

布莱恩笑着解释说:"我实施了一个小小的激励计划,其中一个要求是员工必须准时上班。"

"你给他们什么激励呢?"餐厅大老板想要知道。

"这就是我想跟你说的事情。我跟员工承诺,后面两个月每小时涨1美元工资。"

乔大为惊讶,看得出来乔有些不悦,布莱恩赶紧澄清。

"不用担心,加薪的钱我出。我不需要报酬,至少在事情有眉目之前我不会要报酬。加薪只是暂时的,之后会跟以前一样。"他停了一下,然后补充道,"但是我正在想办法让大家分享一部分小费。"

这时,乔的神情有所缓和,不过看上去他还是有点儿紧张:"哦,服务员是不可能同意分掉小费的。坦白地说,我甚至不希望你去问她们,在没跟我商量之前不要问。"

布莱恩意识到,应该早点儿跟乔汇报给员工临时加薪的事情:"你说得对,乔。以后有什么事我一定先跟你商量。这件事,我只是觉得因为我不拿报酬,所以我觉得你会——"

乔打断了布莱恩的话,说:"我都没关系,你不用往心里去。似乎餐厅一切运转良好。"这时,前门又开了,乔看到另外两个员工走了进来,"另外,如果你有办法能让这些古怪的家伙准时来上班,那么你一定知道你自己在干什么。"

但愿乔说的是对的,布莱恩心想。

推进改革

餐厅开始营业的时间眼看就要到了,不过这时还没有客户前来用餐,于是布莱恩临时决定开一个短会。除了厨师华金,其他人都到了。因为要打两份工,华金微调了在餐厅的工作时间,周四一般会来得晚一些。人一聚齐,布莱恩就开始讲话了。

"好了,各位,我是想告诉大家,我们将要增加一些测评内容。"餐厅内的员工跟布莱恩已经较为熟悉了,在收银台附近坐着的特里斯坦开起了玩笑,他喊道:"1小时再加1美元吗?"

大家哄堂大笑。只有乔静静地在一旁观望着。

"不!这事跟钱没关系,只是跟量化测评本身有关。大家要搞清楚自己在为谁工作。"

帕蒂问道:"你是想改变餐厅的所有权吗?你要给我们换老板?"

布莱恩摇头说:"不,不是这个意思。我的意思是,我希望在场的所有人搞清楚,谁是你们工作的受益人。"

这时,全场静悄悄的,大家面面相觑,不明所以。布莱恩意识到自己用的词太大了。

米格举起了手,布莱恩示意让他说话。

"是跟人寿保险差不多?"

布莱恩没有笑,因为他不想打击米格的积极性,也不想让员工觉得自己高高在上:"不是,是关于如何在除你自己之外的他人的生活中发挥一定的作用。"

米格又问了一个问题:"比如家人?"

"不全是。我想的是，如何对餐厅内的某个人的生活产生影响。比如来就餐的客户，或者自己的某位同事。"

肯尼举起了手，还没等布莱恩同意就开口问道："可以给我们举个例子吗？"

"没问题。比如，我们先以好脾气的乔琳为例。"

外形迷人、性格活泼的女服务员乔琳站了起来，回应道："嘿，我脾气好吗？"

一开始布莱恩以为自己的措辞让乔琳不高兴，但是他还没来得及澄清，乔琳和其他员工就开始哈哈大笑。

布莱恩笑着摇了摇头，说："好，我们继续说。乔琳是服务员。那么，她为谁提供服务呢？如何让她提供的服务对客户的生活产生影响呢？"

这个问题似乎过于简单，没人屑于立刻回应。最后，特里斯坦说："她服务来就餐的客户，给客户上菜。"

布莱恩点头表示同意，同时他蹙起眉头，显然这个答案不能让他满意："嗯，没错，她为客户提供帮助。但是能让她在客户生活中发挥一定作用的，真的是给客户上菜这个动作吗？"

特里斯坦和其他几名员工点了点头。

"好，那我换一种说法。要是乔琳对客户态度粗暴，语带嘲讽，气冲冲地把菜品丢到餐桌上，然后就置客户于不顾，一走了之，会怎样？"

"我们会没生意可做，我会失业。"这次说话的是萨尔瓦多，那位害羞的、毫不起眼的碗碟清洗工。大家难得听到他开口说话，这时听他用浓重的口音说出这么一句话，都忍不住大笑起来。房间里一时热闹起来。

布莱恩咧开嘴笑着，他很高兴看到萨尔瓦多的参与。他说："没错！你说得对，萨尔瓦多。我们很可能会没生意可做。"

知道老板和自己意见一致，这位碗碟清洗工似乎感到由衷的高兴。

"但是，除了我们的生意受到影响之外，乔琳或者帕蒂怎么才能在客户的生活中真正起到作用，令客户的生活有所不同呢？"

此刻，房间寂静无声，但并不是因为大家没听明白，而是似乎所有人都在思考布莱恩的问题。在他们找到答案之前，布莱恩换了一种方式，专门向两个服务员提出了问题。

"想想看，在过去，你们曾经做过什么有意义的，真正帮到了他人的事情。"

思忖片刻之后，帕蒂举起了手。布莱恩示意她说话。

"几个月之前，一位妈妈带着四个孩子来这儿用餐。四个孩子都是男孩儿，特别淘气。不过，他们也不是特别没规矩，就是兄弟之间日常的打打闹闹，搞得周围乱哄哄的。"帕蒂环顾四周，神情骄傲地继续发言，"我把菜放到餐桌上之后，最小的那个孩子一下子扑上来，用手把比萨扒拉到了地上。还好之前我从烤箱把比萨拿出来之后，换了一个凉盘子，否则小男孩肯定会被烫伤。"

帕蒂停顿的瞬间，布莱恩插话说："好，很好，但是——"

帕蒂打断了布莱恩，说："等一下，尊敬的老板，我还没说完。把热盘子换掉算不上我在客户的生活中发挥了作用，只是我觉得我的确帮到了她。"

帕蒂的打断让布莱恩颇为吃惊，不过他非常高兴看到帕蒂在积极参与讨论。于是他道歉说:"抱歉打断你,帕蒂,你继续说。"

"好的。比萨掉在了地上之后,孩子们开始尖叫大喊,孩子们的妈妈看上去要哭了似的。"

"那你怎么办了?"特里斯坦问。

"首先,我让那几个孩子安静下来,跟他们说,如果他们不听妈妈的话,今天就不会有任何东西吃。他们立刻就安静了。然后,我跟那位女士保证,我们会再给她做一个比萨,不多收费。然后,我到厨房里拿了四块做比萨饼坯剩下的边角料给孩子们玩儿。"

同事们似乎都受到了触动,帕蒂继续说:

"那位女士向我说了谢谢,但是她看上去还没缓过劲儿来,她很尴尬。所以我安慰她说,她的孩子跟我的孩子,或其他任何来就餐的孩子,没什么区别,她没必要觉得难为情。然后我给她倒了一杯免费啤酒。"

特里斯坦开始鼓掌,说:"真棒!"

这时,卡尔插话说:"你能来我家,帮我管管我的孩子吗?"

大家都笑了。布莱恩说:

"所以帕蒂并不只是把饭菜给客户放到了桌子上,而是帮助那位客户解决了一个棘手的难题。当然,并不总是有这么戏剧化的事情在餐厅里发生,但是我确信我们总是能帮到每一位客户,哪怕是很小的帮助。"

乔琳说:"是啊。有时候我只是在称呼上对某个年长客户表现得亲切一点点,或者在他们离开的时候说'祝您好运',他们就会显得非常高兴。我喜欢在他们付完钱离开餐厅的时候这么做,以免他们误以为我这样做的目的是想多拿小费。"

听到这时，布莱恩简直心花怒放。他指着卡尔和哈里森说："你们两位，虽说免下车取餐窗口和送外卖不太一样，但是我觉得你们也能找到适合自己的点。"

卡尔和哈里森都点头表示同意，不过布莱恩决定会后再单独给卡尔一些指导。

肯尼再次举起了手，他提出一个重要的问题："我们这几个不经常跟客户直接打交道的人怎么办呢？"这个问题问得正中布莱恩下怀。

米格、特里斯坦和萨尔瓦多似乎很想要听听布莱恩怎么回答。而布莱恩胸有成竹，他说："我们先以你为例，萨尔瓦多。你帮助的人是谁？你怎么才能在他们的生活中发挥一定作用呢？"

对于这位害羞的碗碟洗碗工来说，此时的压力太大了。他耸耸肩，摇了摇头，不知道怎么回答。

"说说吧，萨尔瓦多。你帮助我们所有的人。"说话的人是帕蒂，"你确保客户用餐时有干净的碗碟和刀叉。你为华金、肯尼还有其他准备菜品的人清洗锅碗瓢盆。如果你干不好你那一摊活儿，那我们其他人就只能窝工了。"

尽管布莱恩原本可以解释得更清楚，但是他很感谢帕蒂热情的参与。帕蒂的话对萨尔瓦多产生了积极的影响，后者看上去多了些骄傲和自信。

布莱恩不再等待大家提问，而是单独向员工发问："肯尼，你影响谁？怎样影响？"

肯尼立刻答道："嗯，我觉得我们影响期待品尝美食的客户。"

"没错,其他人有为肯尼补充的吗?"

"你能影响到我。"说话的是卡尔,这让在场的人都觉得有点儿惊讶。

肯尼有些搞不清状况,或许是不明白卡尔说的意思,或许是不明白为何是卡尔这么说。

"我的意思是,如果你不把菜品给我,那么我不可能迅速给客户准备好外带餐食。要是你那里顺利进行,我这边会轻松很多。"

"我们也一样,肯尼。"乔琳补充道,"如果食物迟迟做不出来或者是凉的,那无论我们对客户的态度有多热情友好,都是白费功夫。你和华金对我们来说至关重要,就跟你一样,特里斯坦。"

乔琳转头对特里斯坦说:"我们要迅速给客户递上账单,及时送客户离开,好让等候就餐的客户有地方可坐。当我们要为15个来聚餐的客户安排座位,而餐厅只有两张空桌子,且分别在餐厅一头的时候,你简直就像魔术师一样,总能迅速搞定问题。"

得到这样的称赞,特里斯坦很不习惯。他试图缓解一下尴尬:"现在我们餐厅太有爱了。真是吓到我了。"

大家哄堂大笑。布莱恩有理由相信,这一定是他们在餐厅工作以来最轻松有趣的时刻。

"好了。米格呢?"

这时,餐厅前门被打开了,进来了四位发型凌乱、饥肠辘辘的滑雪客。

"米格,我们晚点儿再聊。不过请大家一定想着,我希望今晚每个人都记录自己应该测评的东西。我们要坚持。"

说完,会议结束,大家各就各位,开始工作。

问题浮现

周四和周五晚上，餐厅的生意和测评工作都进行得相当顺利。尽管有些员工的测评进展得好一些，有些稍差一些。但是，让布莱恩觉得有必要立刻关注到的，只有一位。

和其他人不同，哈里森不经常在餐厅里，因此布莱恩只能根据哈里森自己的汇报来判断他测评工作的进展。很奇怪的一点是，哈里森的汇报似乎都大同小异，没有任何细节叙述或者例证的支持。

周六晚上，餐厅的营业时间已经过半，趁着外卖订单不多的间歇，布莱恩把哈里森拉到一旁。

"客户满意度怎么样？"布莱恩还是尽量避免提到"对客户微笑"这样的字眼。

哈里森毫不犹豫地答道："不错，挺好的。"

"有什么特别之处吗？"

哈里森摸着胡子说："呃，没什么。就是很多客户挺高兴的。今天晚上我把一个家伙逗得笑得停不下来。"

"说说怎么回事？"

"我没记住。我只是说了几句开玩笑的话。"哈里森皱着眉头说。

布莱恩追问道："小费怎么样？"

"变化不大，跟平常差不多。"

"那可有点糟糕啊。帕蒂和乔琳这周得到的小费都多了不少。卡尔的也多了。"

哈里森扭头向别处看去，说："嗯，送外卖的岗位可能就是不太一样。"

布莱恩吸了一口气，决定逼一逼哈里森："跟我说实话，哈里森。你真的相信我们能在他人的生活中发挥作用吗？"

哈里森打量着眼前的老板，看出对方态度非常严肃，于是他决定坦白："其实，我认为这很荒唐。我只是一个开着一辆老旧的汽车送比萨的外卖员。我觉得只要人们能拿到自己订的外卖，就足够了。这不是什么火箭科学，也不是我生活的重点。"

布莱恩点点头，语气平和地问道："那么，你为什么干这一行呢？"

哈里森大笑道："因为我喜欢滑雪，但是没人会为滑雪付给我工资，我找不到滑雪急救员的工作。"

布莱恩调整了语气，说："好吧，哈里森，让我来告诉你。我知道这家餐厅和你的工作不是世界上最美妙或者最让人愉悦的事情，但是如果你想在这儿干，如果你想当这个集体的一分子，那么你就应该尽力把活儿干好，为了你自己，为了你的同事，也为了你的客户。"

哈里森没有被说服，于是布莱恩改变了做思想工作的方法。

"听我说，我知道这不符合你的个性。也许这听起来很愚蠢，但只有这样，你才能赚到钱，你才有钱付房租和游玩儿。当然，我不会强迫你按我说的做。"

外卖员又看了看布莱恩，能被布莱恩说到心坎上，让他感到轻松了一些，直到布莱恩说出下一句话。

"但是，如果你不配合，我不会允许你留在这儿继续上班。"

哈里森缓慢地点了点头，说："好吧。我明白了。我会做好一些。"

  布莱恩看得出，哈里森还是非常不情愿，但是也许应该再多给他一点时间。于是，他决定再多观察一周，确认哈里森是否能够有所领悟。

  事实上，并不需要那么久的时间。

正面冲突

周四晚上,餐厅异常忙碌,员工们忙得热火朝天。大家干活的速度,似乎比几周前快了那么一些。

这时电话铃响了。特里斯坦拿起听筒,听了几秒钟,然后把听筒递给站在旁边的布莱恩,说:"我想您需要处理一下这件事,老板。"

在接下来的5分钟里,布莱恩耐心地倾听着对方的投诉。这位客户的声音似乎有些耳熟,在电话中他抱怨外卖送得太晚,以至于菜品全都凉了。布莱恩跟对方道了歉,并承诺为他全额退款。

然后,布莱恩询问是否能和外卖员通话,告知他退款一事。

"他5分钟之前就走了。"

"是吗?对于外卖送晚了,他是怎么说的?"

"嗯,我告诉他,我不会付小费,然后他说不是他的问题,而是厨房的人太慢了。他说我不应该为他人的错误惩罚他,然后他就走了。"

布莱恩向对方承诺订单全额退款,另外赠送一张免费比萨券,今天晚上就会送到。布莱恩还向客户保证今后不会再出现类似的情况。这时客户情绪已经平复,他向布莱恩表达了谢意,感谢布莱恩的周到服务,表示也没必要非要退款或者赠送优惠券。

10分钟之后,布莱恩看见哈里森从后门进到餐厅厨房。在他从厨房出来之后,布莱恩将他叫住,问他是否有时间到餐厅外面聊几句。

一到外面，布莱恩马上说："我刚接到住在贝雷斯福德的一位先生打来的电话。"

还没等布莱恩说完，哈里森就开口说："你得相信我，那家伙是一个神经病。他的外卖做得快了一点儿，所以我刚从厨房拿到的时候就有点儿凉了，而且赌场那条路的交通很拥堵，结果这个家伙就冲我歇斯底里，就像外卖凉了一点跟到了世界末日一样。"

哈里森的话让布莱恩大为震惊："你不想干了，是吗？"

"不是，我还想干。我只是不想跟这样的人打交道。我的意思是，这个人住在有三层楼的大厦里，居然会因为外卖有点儿凉而拒绝付小费。他知道微波炉是干什么的吗？他想没想过普通人——"

布莱恩不想让哈里森继续咆哮下去，打断了他，说："哈里森，你想没想过客户为什么付小费？"

没等哈里森回答，他就继续说道："因为他们得到了优质的服务！我们为这位客户提供的是糟糕的产品和恶劣的态度，他不欠我们任何东西。算你走运，他居然还付了外卖的钱！"

"那我无所谓，谁让他是个神经病。"

"这样，你一会儿再去一趟，把外卖餐费退给他，然后给他一张优惠券。我希望他能打电话给我，跟我说我们这种处理问题的方式太棒了，说他以后会每周都从我们餐厅订两次外卖。"

哈里森摇着头，说："不可能。那个家伙没给我小费，如果我还回去当他是个大人物，那我真是混蛋。"

布莱恩吸了一口气，让自己尽量保持平和。他说话的语气就像一位慈父教导儿子一般："他并不是什么大人物，哈里森，他只是一位平常的客户。你知道他也有自己的生意,如果他提供给你的服务让你不满意,他很可能也会非常谦卑、礼貌地对待你,当你是个大人物。"

"对此我深表怀疑。"

"不管怎样,要做比他更谦卑礼貌的人,然后让他成为我们的忠实客户。"

"对不起,老兄。我做不到。"

"那么你就不能在这儿工作了,兄弟。"

哈里森一下子呆住了。他说:"好,我不干了。"他一边说,一边脱下外套,把吉恩和乔餐厅定制的T恤衫脱了下来,朝餐厅里扔过去。他把外套搭在胳膊上,光着膀子走到车前,把两个车门上的磁力广告牌都撕下来,重重地摔到了地上。然后,他就开车走了,驶出停车场的时候,他把手伸出车外,竖起了中指。

连布莱恩自己都觉得奇怪,他居然一点儿也不生气,反而忍不住哈哈大笑起来。此时,他还不知道的是,一个小时之后他会欲哭无泪。

临时救场

在餐厅里面，一场小小的危机正在降临。

走进餐厅时，布莱恩看见角落里一张餐桌边发出一阵喧闹，这时米格朝收银台走了过来。

"发生了什么事？"

"七号桌有一个女孩把意大利面全吐出来了，我刚好经过那里。"

"不是食物中毒吧？"

"不是。女孩的妈妈觉得应该是感冒导致的。"

布莱恩松了一口气，但是他脑海中突然闪现出一个念头：呃，干脆买一辆房车直接退休好了。

来到前台，布莱恩看见乔琳正在帮帕蒂收拾残局，特里斯坦正往洗手间走去。

"你要去哪里？"布莱恩问道。

"我沾了点炸弹的碎弹片。"

布莱恩没听懂，特里斯坦解释道："我裤子上沾上了那个女孩的呕吐物。"

布莱恩忍不住笑出了声。就在这时，厨房里传来了肯尼的叫声：

"22号和23号外卖订单已经准备好！"

一般情况下，布莱恩会让特里斯坦去送，但是鉴于今天有特殊情况，他不忍心让特里斯坦去送外卖，尤其是不能让他穿着有呕吐物的裤子去。

所以布莱恩一边抓起自己的外套,一边往厨房走。拿起一份比萨和两个食品袋之后,他向后门边走边说:"我一会儿就回来。"他看了看钉在外卖包装袋上订单条儿显示的送餐地址,补充道:"15~20分钟。"

　　到了停车场,他把哈里森扔掉的餐厅广告牌捡起来,贴在自己的车门上,就出发了。

大受刺激

  布莱恩送的第一份外卖,地址距离餐厅仅有半英里(约800米),在一个离湖边有些距离的中低收入社区。这次行程相当顺利,只是那家的前门厅有些灰暗,院子里那只流着口水的狗也有些瘆人。布莱恩特意告诉拿外卖的老太太,她家院门上的插销坏了,这样很容易进小偷,或者狗会跑丢了。老太太很真诚地感谢布莱恩的提醒。

  布莱恩继续向北行进,派送第二份外卖。在一个公寓建筑群,他拐错了弯,不得不下车问路。碰巧他问路的对象正好就是点了外卖的年轻情侣。他索性向两人宣布:"您的外卖已经抵达。"把小情侣逗笑了之后,布莱恩驶上了返回餐厅的路。他这趟行程不虚此行,一共赚到了5.5美元的小费。

  快到吉恩和乔餐厅时,布莱恩突然想起来,自己之前跟那位打来电话表达不满的客户承诺过要给他全额退款并赠送优惠券。他给餐厅打了电话,向特里斯坦询问那位客户的地址和订单金额,然后一直向南行驶,一直到4英里(约6.4千米)之外的南太浩湖中心区外围的高档住宅区。

  哈里森对这个区域的描述非常精准——比起普通人家,这里更像大厦。大厦有三个大平台,砖砌的圆形车道正对着大厦入口。布莱恩把车停在前门附近,车没熄火,拿着外卖下车。

  按响门铃之后,他转身看了看自己车门上的"吉恩和乔"广告牌。"我这到底在干什么?"他冲着自己笑了。

  就在这时,他听见身后"吧嗒"一声,像是门锁打开的声音。布莱恩转回身,看见一位打扮精致的女士打开了这扇门。她大概50岁。

女士还未说话,布莱恩就开口解释道:"我是从吉恩和乔餐厅来的。傍晚的时候我们把您的外卖送晚了。现在我来给您退款,并且为您送上一份比萨优惠券。"

在做出回应之前,女士转身朝屋子里的人大喊:"威利,是比萨店的外卖员。"然后她转回身对布莱恩说:"我请我的爱人来处理这件事。谢谢。"

几秒钟之后,大门开得更大了一些,房子的男主人出现了:"嗨。谢谢。但是真的不必的。我在电话里说了——"

布莱恩礼貌地打断对方,说:"是的,接电话的就是我。我只是想说,我们很抱歉,另外——"

这时,男子打断了布莱恩:"打扰了,你有兄弟吗?"

这个问题把布莱恩问得一愣:"啊?这个问题嘛。我有三个兄弟。"

"你长得特别像我认识的一个人,他叫布莱恩·贝利,你不会跟他是一家子吧?"

这时布莱恩想起来了,眼前的这名男子是威利·诺兰。多年前JMJ公司曾卷入过一个产品责任诉讼案件,威利·诺兰是当时公司聘请的代理律师中的一位。

布莱恩笑道:"不是,我们不是一家人,我就是他本人。"

一时之间,威利难以置信:"布莱恩?真的是你?"

他转身冲着站在身旁的妻子宣布:"亲爱的,快来,这位是一家运动器材公司的首席执行官,好几年之前我曾帮他的公司代理过案件。"然后继续说道:"你究竟是怎么回事?怎么会来这儿送外卖？"

布莱恩竭力稳定心神，保持镇定，尽管这一刻他感觉极其狼狈："嗯，说来话长，长话短说，我把公司卖掉了，然后退休了，最近我加入了一家小餐厅，就是为了有点儿事情干。就像我的一个小计划。"

"挺不错。"威利热情的回应有些不自然，布莱恩觉得有些不自在。

威利的妻子说："我想您对于这份新工作，肯定会乐在其中。"

"您说得太对了，我很喜欢这个活儿，而且感觉收获颇丰。"布莱恩试着换话题，"嘿，你和里克·辛普森没什么联系了吧？"

布莱恩暗暗祈祷威利会给予回答"好久没联系了"。然而并没有。

"当然有联系。几个月前我还跟里克一起吃了顿午餐。我还欠他一个电话呢。"

这时，布莱恩急切地想转身离开，所以他说："那今天先聊到这儿，因为我得赶回餐厅了。很高兴见到你，威利。"他转身对威利的妻子说："很高兴见到您。"

"我叫雪莉。"

"雪莉，嗨。我和我妻子住在常青台附近。哪天我们聚聚。"

"太好了。这是我们的度假屋，我们会在这儿住至少一个月。我们再打电话约时间吧。"雪莉只是在说客气话，布莱恩非常肯定。

大门关闭，布莱恩回到了车里。他开车驶出威利家的车道，回到主路上。等到他确定从威利家看不到自己之后，他立刻把车停下，把头埋在方向盘上，自言自语道："我究竟是在干什么？"

得到慰藉

那天晚上,餐厅打烊之后,布莱恩花了些时间平复心情。后来他跟妻子莱斯莉说明了自己的情绪状态。

"也不是说,我觉得受到了羞辱,而是他们觉得我应该感到羞耻。我不能跟他们解释我在做什么,以及我为什么这么做。"

"为什么不能呢?"

"我不知道。我想,我不确定他们是否能听懂。可是,我为什么那么在乎他们是否能听懂呢?我觉得这一阵儿我很享受吉恩和乔餐厅的质朴和简单,也喜欢跟餐厅的人一起共事。"

莱斯莉只是默默听着。

"然后很突然地,我遇到了这些人,他们出现在我面前,提醒我还有另外一种人生选择。在那样的人生选择中,没有把刚吃进去的面条吐得到处都是的小女孩,没有用假身份证试图购买啤酒的未成年人,也没有光着膀子对我竖中指的家伙。"

他缓了一下,继续说:"我必须承认,对于威利·诺兰和里克·辛普森熟识这件事,我并不感到有多高兴。对我来说,跟里克聊天可聊不出什么好事。"

莱斯莉忍不住说话了:"嗯,我倒是很想跟那个里克·辛普森聊聊,我会告诉他我很生气。不过,我不知道你跟他有什么可聊的。"

莱斯莉这番话把布莱恩逗笑了。

"你为什么笑呢?"莱斯莉不明白。

"你刚才说话的时候特别像我妈妈。就像我五年级在学校遭遇霸凌的时候，我妈妈跟我说的话。"

夫妻俩哈哈哈地笑起来，气氛轻松了许多。

布莱恩解释说："我觉得我对今天晚上发生的事有点儿过度反应了。我其实没什么事的，而且，我有比里克·辛普森更重要的事情去关注。我得赶紧再雇一个送比萨外卖的人。"

布莱恩笑着跟莱斯莉表演自己跟哈里森的过招剧目，莱斯莉认真听着，两个人感慨着生活中种种的不期而至。最后，带着浓浓的睡意，夫妻俩上床休息了。

周五的考验

跟哈里森过招之后的第二天，尽管店里急缺一位外卖送餐员，但是布莱恩上班时心情依然不错。实际上，他已经做好心理准备，如果有必要，他还会继续送外卖。布莱恩正在完成一项重大的使命，他绝不允许骄傲或自尊之类的东西阻挡自己的计划继续实施下去。

这个周五晚上，从开始营业直到闭店，餐厅一直非常繁忙。特里斯坦和布莱恩负责送外卖。让他们两人很庆幸的是，当晚的外卖订单量让他们不至于太头疼。不过，当晚的堂食情况可大不一样了。

乔琳和帕蒂似乎整晚都在厨房里穿梭，米格和特里斯坦也时不时到厨房帮忙。一般到了8点钟，餐厅客流量会下降，然而这天到8点多的时候，整个餐厅依旧坐满了就餐的客户。布莱恩已经习惯了吉恩和乔餐厅的客流量在不同时间段所呈现出的两极化的特征。所谓来也匆匆，去也匆匆，可能下一秒，餐厅就会变得空空荡荡。

到了快9点时，最后一位客户买完单后，离开了餐厅。餐厅大门随之关闭，所有员工似乎松了一口气，打算坐下休息一会儿。布莱恩核对了当日的营业额，发现收入颇丰。他很期待向乔汇报。

就在这时，发生了一件事堪称对布莱恩和正在革新历程中的全体店员的一次重大考验——

后厨传来了华金的声音："大巴车来了！大巴车来了！"

这一声大喊立刻引来了连锁反应。特里斯坦和米格迅速放倒椅子，卡尔匆匆关闭了餐厅的灯，乔琳和帕蒂把门旁桌子上的最后几个盘子迅速收走。

大巴车开到了很近的地方才停下，此刻员工们已经纷纷藏到了餐厅角落里。布莱恩能感觉到员工的焦虑不安，他甚至有一点和员工感同身受。但是他知道，这是一个关键时刻。

有一位家长从大巴车上跳了下来，此刻所有员工都吓得连大气也不敢出。

就在这时，布莱恩出手了。他首先重新打开了餐厅的灯，这把员工们吓了一大跳。然后他走到门口，打开大门，向一车饥肠辘辘的篮球迷招手，示意他们进店用餐。

然后，他回到餐厅，看着一语不发的员工们，开始发表"励志演说"：

"各位同事，此刻餐厅外面有一群饥肠辘辘的客户。如果我的判断没出错，今晚的比赛他们支持的球队输了。他们需要一些善意。我知道已经很晚了，但是我们就是干这一行的。让我们尽力而为，痛并快乐着。"

缓慢地，员工陆续从各自藏身的角落里走出来，开始为迎接即将到来的一大车客户做准备。尽管他们一开始并不太情愿，但是客户一涌进餐厅，气氛立刻变了。10分钟之内，餐厅变得像一个小时前一样热闹，员工个个精力饱满地履行各自的职责，看上去毫无倦意。布莱恩松了一口气，他的心中充满了骄傲。

直到晚上10点多，湖景高中啦啦队离开了，员工们大概还需要半小时才能完成当天的清扫和收尾工作。这时，布莱恩心中有了一个想法。

尽管大家对于布莱恩的不满早就荡然无存，但是为了表达自己的感激之情，布莱恩还是想做点儿什么。他走进厨房，把当晚所有剩下的食物打包，包括一份比萨和大概五人份的肉酱通心粉，然后边走边说："我马上回来。"没人知道他要去哪里，或者为什么要带上那些吃的。

20分钟之后，布莱恩回来了，一手拿着一个袋子，两个袋子并不相同。他走到餐厅一个桌子旁边，开始打开袋子。

"你拿的是什么？"乔琳问道。

"吃的。"布莱恩波澜不惊地回答。

在餐室忙碌的员工纷纷走了过来。布莱恩对特里斯坦说："把厨房里的伙伴们也叫出来。"几分钟之内，人到齐了，大家看着布莱恩从袋子里一份一份地拿出了中式餐食和墨西哥小吃，足够十几个人吃了。

在过去六小时内，不间断地忙碌于比萨和意大利面的员工们，此刻的表现，就像好几周没吃饭了一样。

"你在哪儿买的？"米格问道。

"我去了满堂彩中国餐厅和帕布利托墨西哥餐厅，用我们的东西换的。他们非常高兴。"根据布莱恩的猜测，员工们每天跟意大利餐打交道，吃自己店里的饭菜对他们一定毫无吸引力。如果是这样，那么对于其他风味的餐厅员工，也肯定是一样的。

在接下来不到一小时的时间里，布莱恩和员工们吃了一顿他们称之为的"中墨大餐"。经老板批准，他们还享用到了免费的啤酒和葡萄酒。不过，布莱恩非常谨慎地保证每位员工的饮酒要适量，以免影响他们开车回家。

那天晚上，大家谈到了各种话题，比如当天遇到的有趣的客户，哈里森的辞职，餐厅里不同品牌啤酒的销量等等。也许是因为他们吃的是别家餐馆的食物，大家也谈到了自己在其他餐厅打工的经历。

对此，布莱恩感到异常兴奋，这有几个原因。

第一点，尽管大多数员工在其他餐厅工作时似乎也觉得非常痛苦，但是他们似乎很有默契，一致认为还会在这个行业干下去。

第二点对布莱恩来说更重要。如果布莱恩没记错，这是他第一次听到员工们谈论在吉恩和乔餐厅打工以外的个人生活。以前，除了只言片语，比如谁的某个女朋友怎么样，汽车出了什么小问题，或者看过什么电影，员工们很少谈起各自的生活，当然也绝不会涉及个人的隐私。

尽管布莱恩不能确定，但是他感觉到缺乏沟通可能是让员工对工作产生不满的一个因素。他下定决心，要认真对此研究一番。

特别的纪念日

到周一晚上，布莱恩来吉恩和乔餐厅工作已经满两个月了。为了庆祝这个特殊的日子，莱斯莉决定请爱人吃顿饭。两个人迅速淘汰了意大利菜，最后莱斯莉建议，到南太浩湖面向加利福尼亚一侧的一家泰国餐厅吃泰国料理。

布莱恩向妻子保证，吃饭时不谈工作。这让莱斯莉想起了两个人在纳帕的那次沟通："哇！半年之前的现在，我们正坐在塔文餐厅边吃晚饭边聊你退休的事情。"

"才过去半年吗？"

莱斯莉笑道："没错。如果那时你告诉我，今天我们会坐在这儿庆祝你在一家破旧的意大利餐厅当经理，干满了两个月，我会哭得很惨。"

两人哈哈大笑。

"很抱歉，莱斯莉。恐怕嫁给我不是件很有意思的事情。"

"哦哦，别这样说。嫁给你就像是在探险，给我全世界也不换。"

他们边吃晚饭，边闲聊，比如孩子们的事情，两人的小木屋，下一次摩托雪橇探险的目的地，等等。工作的话题是莱斯莉提起的。

"那么，你觉得现在餐厅的经营状况怎么样了？"

"嗯，营业额上来了，小费也多了。我觉得这个月会特别多。"

莱斯莉笑着说："不。我的意思是，你的工作之痛实验进展如何了？"

突然转换了话题，布莱恩思忖片刻，答道："嗯，我觉得应该进程过半了。"

"你的意思是还需要两个月吗？"

"那倒不是，我不确定还要花多长时间。我的意思是我的理论研究进展到一半了。"

"我以为你想说，员工们似乎更喜欢自己的工作了。"

"没错，我是这样觉得的，但是我不知道这会持续多久，不知道这是不是新官上任三把火的作用。就我所知，每当有新领导上任，就会这样。"

莱斯莉摇了摇头："让我想想。你是说，你认为即使你到餐厅以后什么也不干，而是像傻瓜一样混日子，员工们对工作的热情也一样会增加吗？你不至于这么想吧？不要假装这跟你的努力一点都没关系。"

"好，好。但是我担心这不可持续，我总觉得缺少什么东西。如果我在这周六涨薪结束之前不把事情搞清楚，那么我证明这一点的机会就没了。"

"为什么你不跟我讲讲你的理论呢？"

布莱恩深吸了一口气，笑道："你从来没问过我呀。"

工作业绩无法量化测评

夫妻俩品尝甜点的时候,布莱恩说话了。

"好,那我就跟你讲讲我的理论,如果感到哪儿有什么不对劲,希望你能质疑。因为我非常需要知道我的理论是否站得住脚。"

莱斯莉举手示意,表态"我绝对支持你"。

布莱恩开始说:"我这个理论的第一部分,也是我非常满意的一部分,大概的意思是,一项工作如果不涉及量化测评,那么注定会让人承受痛苦。"

听完这话,莱斯莉微微皱起了眉头:"你是如何得出这样的结论的?"

"是这样的。我小时候听我爷爷说的,而且我在之前从事的管理工作中,都用到了这个理论。"

莱斯莉这时刚在嘴里塞了一大口冰激凌,示意布莱恩继续说。于是,布莱恩接着说:"我爷爷曾经说过,如果你无法测评你正在做的事,那么很快你就会对这件事失去兴趣。我同意他的说法。"

莱斯莉咽下了冰激凌,提出了第一个问题:"我没理解这之间有什么关系。"

"如果一个员工无法知晓自己的工作业绩是好是坏,即便他做的是自己喜欢的事,迟早他也会失望。就好比你参加足球比赛,踢了半天都不知道比分如何。或者试想一下,你是一名证券经纪人,买了一只股票之后,连这只股票的涨跌都不知道。"

"哪会真有这样的事发生呢?"

"我举的这两个例子,是不会发生的。但是在大多数岗位上,总会出现这样的情况。"

"比如什么岗位?"莱斯莉因为做出了承诺,显得比平时更强势。

"嗯,"他稍微思考了一下说,"咱们就说说,琳恩在南太浩湖的那家酒店实习的事吧,当时酒店给她安排了前台的岗位。"

莱斯莉很感兴趣:"继续说说看。"

"琳恩每天按时上班,为刚到的客户办理入住手续,发房卡,刷信用卡,为将要离开的客户办理退房手续。客户来来往往。在刚开始的几周,琳恩有新鲜感,觉得可以学到新东西。但时间一久,琳恩就觉得索然无味。这个工作就像是周而复始的循环一样,让人感觉不到进步。"

"这听上去像是家庭主妇干的活儿。每天周而复始地洗衣服、洗碗、打扫房间等等,生活围着这些家务活转。"

"对,不只是工作单调的问题,主要是反馈信息的缺失。"

"家庭主妇有时候也有一样的问题,得不到反馈。"

布莱恩点了点头,说道:"是的,让我再说详细一点儿。我想说的重点是,不是从他人那里得到反馈,比如从你的孩子那里,这是另一个问题。我想说的问题是,必须有客观的证据,让你明白你所做的事情是正确的。就算是某项工作从本质上来看是能够让人兴奋的,但是时间久了,如果一直得不到衡量和评价,也会让人失落。"

"我不是很懂,能再举一个例子吗?"

布莱恩盯着地面思考着该找个怎样的例子:"我们可以以好莱坞为例。你想没想过,为什么电影业内的人士相当憎恶自己的职业?"

"为什么你会这么说?我觉得每个人都会梦想在好莱坞找到一份工作吧。"

"你有认识的朋友在好莱坞工作吗?"

莱斯莉认真地回想了一番,摇了摇头。"你有吗?"她问道。

"当然,还记得亨特·诺克斯吗?他是我的高中同学,现在是电影剪辑师,干得挺不错的。他主要是剪辑故事片。前两年我们班同学聚会的时候,我俩聊天,他吐槽说这一行太难干了,几乎每个人都怨声载道的。"

"他说了是什么原因吗?"

"说了。他的理由是,这个工作主观性太强了。任何工作内容都高度依赖人的主观观点,而绝大部分的观点又没有规则可依,所以几乎不能真实感受到任何的进步和收获。"

听到这里,莱斯莉皱了皱眉头追问:"那么票房收入、收视率排名,或者奥斯卡奖算什么呢?"

布莱恩摇了摇头:"我当时也是这么问亨特的。他说,等到你知道票房结果和收视率的时候,离成片早就过去好几个月了。获奖是更久远的事情,而且评委给出的评价,也是完完全全的主观喜好。"

"那倒是,这正好说明为什么奥斯卡和艾美奖评委的品位总是那么独特。"

"不过咱们先不讨论好莱坞的事,因为这不是一个常规的行业。试想你是医生、律师、物业从业人员，或者娱乐节目主持人，如果你白天的工作没得到什么可以衡量的成绩，回家以后，躺在床上，你就会想，这一整天自己到底都在干吗？"

莱斯莉逐渐搞清楚了状况，开始有了话说："记得我当老师的时候，喜欢组织学生考试。虽然很多老师都不喜欢考学生，但是我就很喜欢回家改卷子、给等级，因为我很想知道我教给孩子们的东西，他们学会了没有。"

"正是这样。否则的话，老师就无从知晓自己的教学效果如何。"

莱斯莉转了转眼珠子，然后说道："有些老师总是说，教学上只要尽力了，只要是关心学生的，就已经是好老师了。"

"我敢打赌，最优秀的老师肯定不会这样说。"

莱斯莉短暂思考了片刻，接着说道："没错，而且往往说这话的老师，通常都是不怎么负责的老师。为什么会这样？"

"因为如果一个人不擅长从事自己的工作，那么他就不希望自己接受考核和评价。考评结果会暴露他们工作中的问题。表现优异的员工喜欢接受考评，甚至会很期待，而表现不佳的员工，往往会逃避。"

"JMJ公司的员工经常接受考评吗？"

布莱恩笑着回答道："我想是这样的。不过，我们并不是事无巨细地考评员工工作的所有方面。我们可不想受制于一个囊括一切的评价体系，这很俗套。我跟你说过ISO9000认证的事吗？"

莱斯莉摇了摇头，表示没听说过："那是什么认证？"

"还是算了吧，我就是这么一提。这要是说起来，可是个又臭又长的无聊故事，太耽误时间了。这个体系基本上就是为了评价而评价的。不过，JMJ公司做得不错，考评的内容都是非常有价值的。要是考评的方向找错了，员工还是会失去兴趣和动力的。"

"你怎么知道哪些考评内容是正确的？"

他笑着说："我想上周我搞清了这个问题的答案。"

不知道所做工作的价值或意义

布莱恩这会儿兴奋劲儿上来了:"第二个导致工作之痛的原因,就是不知道所做工作的价值或意义,那种感觉就好比你干了好多活儿,但是对他人来说没有产生丝毫的影响。"

"你说的这第二个原因,跟刚才咱们讨论的量化测评有什么关系呢?"

"其中的关系,我一会儿再给你解释。现在,我想先简单说明一下什么是工作无价值或无意义。"

莱斯莉可等不及了,接着说:"你说的对他人产生影响,就好比医生治疗和照顾自己的病人,或者消防员营救卡在树枝上的小猫那样?"

布莱恩强迫自己点了点头:"实际上,这些例子只是比较显而易见的那一类。"这时候他决定在这场谈话中占据主动地位,于是他开始向莱斯莉提问:"那么,如果是别的工作呢?工作结果并没有这么明显的那些工作。比如,汽车销售人员、软件开发人员、前台接待之类的?"

莱斯莉打断了布莱恩,开起了玩笑:"还有餐厅经理。"

"哈哈哈。"布莱恩笑出了声,"所以从事这些岗位的员工,如何对他人的生活产生影响呢?"

莱斯莉若有所思,片刻之后,她试着回答,像极了在口语考试中揣摩答案的学生:"如果这样解释呢,助教帮助老师教好孩子,餐厅经理帮助客户点餐,还有——"

布莱恩打断她说:"不,我不是想要你给出确定的答案,因为这样的答案其实并不存在。这主要取决于工作性质和具体状况。更重要的是，取决于从事这项工作的那个人。"

"哎呀，你把我说迷糊了。"

"是的，我也把我自己说迷糊了。让我们回到基本的理念，那就是，每个职场人都需要知道自己的工作对其他人来说是有关系的，工作的意义并不只是挣工资。我这里说的工作是指实际的、具体的工作。从某种程度上来说，这些工作肯定会对其他人的生活产生作用。"

莱斯莉认真地聆听，点头表示同意，但是脸上浮现的表情，似乎有点困惑，甚至有点失望。

布莱恩察觉到了这一点，想知道为什么她会有如此的表情。

"哪儿不对劲？"布莱恩问妻子。

"为什么这么问呢？"莱斯莉不解。

"你的表情有点儿不对劲，是我说得有问题吗？"

莱斯莉犹豫片刻，解释道："不是，你说得没错，说得非常有道理。只是，我怕你误会我的意思。"

"不会的，你直说就行。"

"你说的不是明摆着的事情吗？"

让莱斯莉没想到的是，她的评价丝毫没有影响到布莱恩，反倒让他兴致更加高昂："正是如此！这就是明摆着的事情！"

莱斯莉被她这个性格有点儿古怪的老公逗笑了："你怎么突然这么兴奋？"

"因为尽管这是再明显不过的事情，但是没人会采取行动。事就是这么简单的事，但是几乎没有管理者会花时间帮助员工搞清楚自己的工作对他人的意义所在！"

话说到这儿,莱斯莉开始发起质疑:"搞清楚自己的工作对他人的意义和价值所在,这难道不应该是员工自己的责任吗?"

听了莱斯莉的质疑,布莱恩把眼睛睁得更大了,他对莱斯莉的说法不以为意:"不对,不是这样的,这应该是管理者的职责所在。"

"但我不这样认为。"莱斯莉继续履行质疑者的角色,故作严肃地说,"在我看来,如果员工自己没想明白这一点,那说明他根本就不适合做这个工作。"

布莱恩一时没想好该如何回答,但是他脸上的表情仿佛在说:"面前这位言语犀利的女士真厉害!"过了一会儿,他开了口,用一种有些受挫感,又似乎带些主观情绪的口吻说:"莱斯莉,如果这个世界上的经理只有一项工作职责,那就应该是帮助员工搞清楚自己工作的意义和价值。如果某个经理不认为这是他的工作职责,那么他就不适合经理这个职位。我的意思是说,每个人都应该知道自己的工作产生怎样的影响——"

莱斯莉突然笑了起来,打断了布莱恩正在发表的长篇大论。布莱恩问她:"我说的话有这么好笑吗?"

莱斯莉一边笑,一边说:"抱歉。我刚才在开玩笑,我是故意为难你的。"

莱斯莉说完后,布莱恩停顿了几秒钟的时间,整理了一下自己的情绪,然后,他微笑着对自己的妻子说道:"所以我说得有道理是吧?"

"当然有道理,没有人会质疑这一点。让我不能理解的是,为什么这么多管理者都因为忽视了这个问题而未曾做到呢?"

"你这个问题提得特别好,我觉得有几个可能。"布莱恩显然已经仔细考虑过这个问题,"有一些管理者不认为员工的工作或者自己的工作,对他人来说有重大意义。这些管理者受自己上一辈或者再上一辈家人的影响,对工作没有多高的期待,他们也不了解能够为他人带来些什么改变。"

莱斯莉听明白了,她追问道:"还有呢?"

"可能听起来有点奇怪,但是我感觉,要是让管理者跟自己的员工谈这些内容,他们会觉得很尴尬。叫员工过来坐下聊聊,给他们讲讲怎么对他人的生活产生积极的影响,这有点儿小儿科,很没劲,还显得不高端,或者什么,我也说不好。"

莱斯莉这时候有了一些想法:"说到这一点,以前我当老师或者在教堂做义工的时候,没人跟我们说过我们工作的意义。这些工作很有必要,但是我们从来没有认真讨论过其中的价值和意义。说实话,我确实也不认为参与者觉得自己所做的事情能产生重大影响。"

她回忆了一下当时的活动场景,接着说:"可能我不该这么说,但是我并不认为学校老师和教堂义工的工作满意度,会比你那个比萨店的员工的满意度高多少。"

布莱恩一下子在椅子上坐直了,说:"这就是神奇的地方。职业足球运动员、专业演员、首席执行官、政治家,在他人看来,他们肯定相当热爱自己的职业,但其实不然,他们一定也跟普通人一样,会对自己的工作感到迷茫,也弄不明白自己所做的努力会给他人的生活带来哪些看得见、摸得着的变化。就我对我所认识的从事这些行业的人们的了解而言,我相信他们中的绝大多数都没想明白这一点,所以他们都承受着工作之痛。"

"还有呢?"

布莱恩这会儿有点没跟上话题，反问道："还有什么？"

"管理者没做到的其他原因，还有什么？"

"这个嘛，我想还有一个原因，一个不太容易解释的原因——因为管理者经常害怕或者羞于向员工承认，其实受员工的工作影响最大、最直接的人，正是他们自己。"

莱斯莉被说迷糊了："他们是指谁？谁受影响最大？管理者吗？"

"没错，我说的正是管理者。管理者才是受员工影响最大的群体，但是他们往往不愿意承认这一点，因为这样做会让他们感到过于以自我为中心，似乎觉得自己高人一等，所以他们就假装这不是真的。这很讽刺吧，让员工自己去想，去思考工作的意义何在。"

莱斯莉好像突然明白了："我第一年做助教的时候就是这样。艾玛·莱利总是跟我说，我的工作是帮助学生，但是事实上我的大部分工作是帮艾玛做事。对此，艾玛常常觉得不好意思，而我，也觉得很遗憾没能更多地跟学生接触，为他们提供直接的帮助。如果当初艾玛这么跟我说，'你在协助我开展工作的时候，能让我更好地指导学生，这对学生的进步非常重要'，我会觉得更能接受。"

布莱恩点点头，说："我们餐厅里也有个年轻人，情况跟你说得差不多。他叫米格。"

"他挺招人喜欢的，是吧？"

"可不，这孩子很不错，但是他的岗位职责挺难说清，他好像什么都干。直到突然有一天，我发现他帮助得最多的人是我，因为我是那个要求他做好这个、完成那个的人。如果没有他，我的工作压力会大很多。你知道我是怎么做的吗?"

"怎么做的?"

"我对米格说:'米格,要不是有你,我的工作压力山大啊!因为有你每天在帮助我,我才能成为一个更快乐的人。'大概这样的话。"

"他听了这话是什么反应?"

"他笑了,对我说的话表示感谢。打那以后,他每天来得更早,走得更晚了,工作比以前更加用心。而他优秀的表现让我总是想要感谢他的优秀表现,而我的评价让他工作更加努力,这是一个完美的良性循环,特别棒!而且相当真实。"

莱斯莉完全沉浸到了话题中,她接着说:"那么,咱们再来回顾一下你的理论,导致工作之痛的原因是工作缺少量化测评——"

布莱恩试图纠正莱斯莉对自己理论表述的不当之处:"准确地说,我的措辞是,工作业绩无法量化测评(immeasurement,这个词应该是作者通过给measurement加前缀im创造的,主流英语字典里查不到这个词。——译者注),不过你说的大致意思没错,就是那个意思。"

莱斯莉笑着跟丈夫开起了玩笑:"不过,有'无法量化测评'这个词吗?"

"以前没有,我是这个词的创造者。"布莱恩反驳道。

说到这儿,他俩都笑了。接着,莱斯莉重新组织了语言,说道:"工作之痛是由于工作业绩无法量化测评,以及——"说到这儿,她停顿了一下,问布莱恩:"第二个原因是什么来着?"

"不知道所做工作的价值或意义(irrelevance,原词字面意思为"缺少相关性"。——译者注)。"

"工作业绩无法量化测评和不知道所做工作的价值或意义。你考虑过这两者之间的关系吗?"

"我没想过这个问题,不过我感觉这很容易理解。"

"所有这些都很容易理解,不是吗?"

布莱恩深吸了一口气后说:"是很容易,但也很令人沮丧。随处可见咨询顾问绞尽脑汁想办法给他人提出老生常谈的建议,或者宣传某个符合人体工程学设计的座椅。这些建议本身都很不错,但前提是,要有人首先教管理层搞明白,需要考评的是什么,为什么这些工作意义重大,否则一切建议都毫无意义。这很荒唐。"

"好了,好了。这个话题咱们谈论好久了,言归正传,工作业绩无法量化测评和不知道所做工作的价值或意义,有什么联系?"

"是这样产生联系的。人们应该主动思考该如何量化测评自己在工作中能为服务对象的生活产生影响的东西。如果你帮助了学生,量化测评就应该与学生相关。如果你的任务是协助上司完成工作,那量化测评的内容就应与上司相关。如果你直接跟客户打交道——"

"就量化测评对客户的影响。我明白了。咱们继续往下说。"此刻,莱斯莉似乎很享受话题讨论中的发问者这个角色,"这就是全部的内容吗?工作业绩无法量化测评和不知道所做工作的价值或意义,仅此两项吗?"

"其实,直到上周,我一直以为就这两项,但是现在我觉得应该还有一项。"

两人都沉默了。

"那你想好了怎么跟我描述吗？"

布莱恩欲擒故纵地回答道："嗯，我不想让你太烦，我们可以之后再继续讨论。"

莱斯莉很了解自己的丈夫。对于自己丈夫的这番忸怩作态，她干脆拿起自己的西餐刀，冲着他说："你想要现在告诉我吗？好，说吧！"

在工作中被无视或忽视

布莱恩说之后再继续讨论他的理论之第三项,并非完全是在开玩笑:"我先不告诉你第三项,咱们先开车去个地方,到那之后我让你看。"

"你说什么?你在开玩笑吗?"

布莱恩微笑着说:"当然没开玩笑啦,相信我。"

他们结了账,上了探险者(福特汽车公司推出的一款SUV。——译者注),往远离太浩湖的方向开了一刻钟,拐进了一个停车场,旁边看上去像是个大仓库。在那儿停放着不少小汽车,都不是特别新的车。

"这是什么地方?"莱斯莉问。

"一会儿你就知道了。"

他们下了车,走进了那个建筑物。那儿其实不是个仓库,而是个运动场,地上铺有人工草坪。场上有12个小伙子在踢球赛,看得出来他们大多是西班牙裔。露天看台上有三排座位,上面坐着一些妇女、儿童和老人,大人们一会儿看一眼比赛,一会儿看一眼孩子,时不时做这样的镜头切换。

"布莱恩,我们来这儿干什么?"莱斯莉想知道答案,她提问的时候语气很柔和。

"你看见穿橘红色T恤衫的那个年轻人了吗?还有那个小个子,穿黄色上衣的那个?"

莱斯莉点了点头。

"他俩就是我提到的在餐厅工作的米格和萨尔瓦多。每周一他俩都上这儿来踢足球比赛。"

"这跟你的理论有关系吗?"

布莱恩点点头:"是的,很有关系。"

正在这时,米格看到了看台上的布莱恩和莱斯莉,向他们挥手问好。

布莱恩就跟妻子说了说之前那个周六晚上发生的事,打烊之前,他给同事们带回了外卖,然后大家边吃边聊,在店里待了好几个小时。更重要的是,通过那件事,他才开始真正认识大家,了解大家,在那之前,他根本无法想象这些同事的生活是怎样的。

"餐厅的老板对大家了解得多吗?"

"乔对大家几乎一无所知,大家相互之间也知之甚少。这有点令人难以置信吧?大家互不了解的原因可能多种多样,但是你不觉得这跟一些人并不喜欢自己的工作有关吗?"

布莱恩问的是一个反问句,但是莱斯莉尝试作答:"你的意思是,希望他人知道你下班后的真实样子吗?"

"差不多是这个意思。如果一个人去上班,周围的同事都不了解他,他怎么会感到舒适和自在呢?"

莱斯莉又扮演起质疑者的角色:"那么,我猜想米格和那个小个子青年,他叫什么来着?"

"萨尔瓦多。"

"我猜想米格和萨尔瓦多肯定相互之间很了解。"

布莱恩强调道:"我是觉得,管理者确实需要对员工有所了解,同事之间也需要彼此了解,但关键是管理者。回想我在汽车制造厂工作的时候,是凯瑟琳让我开始热爱我的工作,这不仅是因为凯瑟琳就具体工作对我的指点和帮助,也是因为她对我这个人的兴趣，她愿意了解我。"

莱斯莉努力质疑道："但是你不觉得这有点过于感性吗？而且你不觉得应该把工作与私生活分开吗？为什么管理者非得关心员工在下班后的时间在干些什么？"

"因为在工作的时候，人们不应该试图成为与自己本性不符的人。如果不得不故意装成不是自己的样子，人们就会很痛苦。这就意味着，管理者需要知道，在工作之外自己的员工本性如何，有什么喜好。莱斯莉，你觉得管理者有合理的理由不这样做吗？"

莱斯莉不假思索地答道："当然了，比如——"

布莱恩打断了她："我不是非要你给出个答案来质疑我，我只是想要知道你对这个问题真实的看法。"

听了这话，莱斯莉的态度马上缓和了下来："这样啊。我不认为一个管理者有什么合理的理由不去了解自己的员工。能了解自己员工的管理者会很棒。"

接下来，他们看了一会儿比赛，米格和萨尔瓦多所在的球队丢了一个球。

布莱恩重提刚才的话题："还记得我们去过的那家传统餐厅里那个优秀的服务员吗？穿背带裤的那个。"

莱斯莉点点头，表示还有印象。

"你还记得咱们问到他的时候，餐厅经理是怎么说的吗？"

莱斯莉回忆了一下，说："记得。他跟咱们说，那个服务员刚搬来附近，马上要去读社区大学，而且刚结婚不久。"

"你觉得这个经理了解在自己餐厅工作的服务员吗？"

莱斯莉点点头："但是你了解在JMJ公司的员工吗？"

布莱恩考虑了一下这个问题，回答说："应该是熟悉的。我了解大部分人，但是达不到每一个都熟悉的程度。但是在那样规模的公司里，也做不到每一个都能了解得过来啊。我需要深入认识的，应该是我直接管理的员工，以及与我有工作交集的那部分员工。我认为我们创造了一种公司氛围，其他管理者也差不多会这样做。"

"不过我猜，当年你在JMJ公司工作的时候，你的这个理论还并不完善吧？"

布莱恩摇摇头："当时哪有什么理论？我们只是自由发挥，根本没有量化测评任何东西。我们只是把员工当作人来对待，我们当他们是渴望被人需要、被人了解的人。"

莱斯莉摇头表示反对。

"哪儿不对吗？"

"我只是无法想象，公司有那么多资金，技术和数据也不是问题，竟然连这样简单的事情都不做。太不能理解了。"

说到这儿，比赛的哨声响了。布莱恩和莱斯莉还没反应过来，米格和萨尔瓦多已经跑到他俩这儿了。"老板好！"萨尔瓦多跟布莱恩先打了招呼，然后问他，"这位是您的太太吗？"

布莱恩向莱斯莉介绍了米格和萨尔瓦多，然后夫妻俩走过去见了见米格的妻子和孩子们，以及萨尔瓦多的哥哥。大家在一起闲聊起来，比赛、餐厅、育儿和墨西哥这个城市，想到什么聊什么。大概半小时以后，大家互道晚安，各回各家。

开车回家的路上，莱斯莉和布莱恩聊起了萨尔瓦多、米格以及他们的家人，还有他们在这半小时时间里了解到的信息。米格来美国之前，受到过良好的教育，这让夫妻俩都感到很意外。他们难以想象，一个当初把成为工程师当作职业理想的人，竟然会在一家马路边的意大利餐厅厨房里切土豆，忙着收桌子翻台。他就是沙堆中被埋没的一粒金子，没人注意到他的光芒。

莱斯莉问了当晚的最后一个问题："像乔那样的老板，一点儿都不了解自己的员工，这是为什么呢？"

布莱恩认真想了想，说道："我觉得我不该对乔品头论足。我已经在餐厅工作两个月了，但是事实上我对员工也所知甚少。"

莱斯莉不由得维护起自己的老公："但是你并不经常在那儿，一周只工作几个晚上而已。"

"那倒是。但这不是理由。"

莱斯莉继续替爱人辩护："在JMJ公司的时候，你对你的员工就很了解。不要贬低你自己。我想要搞清楚其中的原因。"

布莱恩笑了："好吧，我说不好为什么乔没有花时间了解自己的员工。"

"我能解释这个问题。"莱斯莉故意停顿了一下，才接着说，"我觉得大多数管理者都不明白其中的关系。"

"听上去很有意思。继续说说。"

莱斯莉接着发表观点："身为管理者应该明白的是，管理者能够影响到的人，正是自己的员工。如果不了解自己员工的性格，不清楚他们的生活状况，那么管理者将很难施加影响。"

"我觉得你说得有道理。"布莱恩静静地思考了片刻，说，"我认为为何管理者不想去了解自己的员工，还有另一个原因。这也是我身为管理者没有做到了解餐厅员工的原因。"

"是什么原因？"

"太耗费时间啦！管理他人太消耗时间了。管理他人是一个全职工作，不是在工作之余插空干干的零散活计。很多管理者并不明白这一点，他们认为管理这个工作，是额外的工作职责，有闲暇时间的时候才做，所以他们最不愿意做的事情就是跟员工坐下来聊聊对方的生活。"

"或者去看看员工踢室内足球赛。"

布莱恩耸耸肩表示认同："我猜是这样的。"

全力以赴

对布莱恩的实验以及职业生涯来说,那天晚上和莱斯莉的对话堪称一个重要转折点。

有了较为成形的理论框架的支撑,再加上得到了莱斯莉的大力支持,他能够更加专注于想办法让吉恩和乔餐厅的那些大杂烩般的员工爱上自己的工作。他也希望大家能够给他足够的时间来完成这项计划。当然,乔同意把涨工资的政策再延长一个月,这对布莱恩改革计划的实施起到了极大的推动作用。

在随后的几周内,布莱恩坚持继续开展员工工作的量化测评和相关性计划,因为他知道,让员工形成习惯需要一定的时间。另外,他下定决心花时间去关注员工及员工的生活。

同时,他很注意,尽量避免让人觉得假模假式。布莱恩不搞一对一的面谈,或者让员工填写问卷调查表,他想要把员工当成鲜活的生命来对待。

一个周四的下午,在出发前往餐厅上班之前,布莱恩对莱斯莉,也是对自己说:"这些员工跟你我一样,是活生生的人。如果我不能把他们当成鲜活的个体,从很自然、真实的角度去了解他们,那我口口声声地说我很用心在当经理,就很虚伪了。"

随后出现的画面是这样的:布莱恩随时随地观察着员工,问他们这样或那样的问题。"你在太浩湖这儿住了多久了?""你老家在哪儿?""你从哪儿弄的这个文身?为什么选这个图案?""这周过得如何?有什么开心的事发生?"

没过多久,布莱恩就找到了用心了解员工的窍门。如果在报纸上看到一条关于墨西哥的新闻，他就会多花几分钟认真阅读，然后找机会就此跟萨尔瓦多聊上几句。当听说帕蒂的女儿对小麦过敏之后，他就跟华金一起帮她寻找不含麸质的比萨饼胚。

他还做了很多不用特别花功夫的不太起眼的小事，比如给卡尔带一本迈克尔·阿灵顿（美国知名博客兼出版商。——译者注）新出版的书，因为他了解到卡尔对科幻小说特别痴迷。在知道米格最喜欢的墨西哥足球队输了比赛后，布莱恩会借机调侃米格一番。布莱恩这样做的目的，只是想让大家知道，他是真心在乎他们，事实上他确实也是真心在乎他们。

已经在这儿干了两年多的萨尔瓦多，打算跟他的兄弟们一起搬去爱达荷州。听到这个消息的布莱恩，专门为萨尔瓦多准备了一个欢送会。尽管是一个非常小型的午餐聚会，却是吉恩和乔餐厅有史以来第一次为员工离职办仪式，而在那之前，如果有员工离职，乔只会询问其他员工，是否可以推荐人选来接替离职员工。

后来，接替萨尔瓦多的新员工和新招聘的快递司机来餐厅入职的时候，布莱恩很正式地在全体员工会议上向大家做了介绍，还专门找了一位同事负责在前两周带他们熟悉工作和环境，而且时不时地对他们实施"计划"：量化工作业绩并说明他们所做工作的意义。布莱恩也一样花费心思和时间增进对新员工的了解，比如他们喜欢和讨厌的事情等。

心满意足

在理论中增加了"在工作中被无视或忽视"这一项内容以后,很快,布莱恩发现吉恩和乔餐厅的良好势头在加速发展。他意识到,假如只有前两项内容,是不可能取得这样好的成果的。

他清楚地认识到,现在整个餐厅内部的工作热情和参与程度都很理想,是时候为他的实验搭建出一个结构了,以让已有的进步和成绩能够保持住。所以他做了个简单的表单,每个员工有一栏,由布莱恩简要记录他们的测评结果、工作的价值和意义以及个人的兴趣和爱好。他把表格打印出来,随身携带,每天开始工作之前,他会拿出来看5分钟,有时候根据需要也会补充一些内容,或者进行修改和调整。

尽管这个表单非常简单,但是随着时间的流逝,布莱恩越来越坚定地认为,这个表单正是扭转吉恩和乔餐厅颓势的关键所在,无论是对于提升员工的满意度,还是对于提升餐厅的经营收益来说。

前一段时间的收入增长趋势比较稳定,并且服务员收到的小费翻了好几倍。除了算这两笔经济账,这个意大利餐厅原来消极慵懒的状态改变了,无论是用餐的客户,还是餐厅员工,状态都比之前积极多了。而且,餐厅的回头客越来越多,有不少客户的名字,员工一下子就能叫得出。

因此,当加薪阶段结束,员工的小时薪资标准即将降到原来的标准时,布莱恩很自信,他不觉得这会是什么大问题。不过这次他错了。

钱很重要

能够得到客户给的小费的服务员，对于每小时的薪资标准降到原来的标准没有太大的意见。因为他们提供给客户的服务质量提高了，客户给的小费远远超过加薪的金额。而其他店员的情况，可就是完全另外一个故事了。

在一次员工短会上，布莱恩跟大伙说，可能不得不调整工资了，当时乔也在场。没想到米格第一个提出了反对意见，不过还好他发表意见的时候没有很情绪化，而且布莱恩必须承认，米格说得很在理。

"如果肯尼和华金在厨房的工作对帕蒂和乔琳有帮助，那么他们对小费增加出了力，对餐厅也有贡献，那么他们不应该得到相应的奖励吗？"

这个问题让布莱恩无言以对。他本该开始一段长篇大论，从餐厅的发家史说起，再谈到面对面直接服务客户的员工与厨师或后厨岗位的不同之处。但是他并没有这样做，反倒说了让他自己感到不违心的两个字："没错。"

听到他的反应，大家都相当吃惊。米格之前听说过乔在厨房里是如何反对其他员工提出的类似要求的，他也认识在别家餐厅打工的朋友，他们也一样被老板给否了。所以，其实他和同一战壕的伙伴们已经做好接受现实的准备，他们很清楚，只要他们不换岗位，还干原来的工作，那么他们的薪资水平就不会有太大的增长。

但是，现在正好换了新上司，米格就想好歹试试看。

显然，布莱恩的回答让乔毫无准备，但是为了让会议的内容不被带偏，同时不耽误餐厅的正常营业，布莱恩没有做出什么他无法保证的承诺，特别是不能未经餐厅大老板乔的同意就直接承诺给员工。

"米格，你说得有道理，给我点时间考虑一下。我想会有办法平衡这个问题。"

又一次，大家因为吃惊而集体沉默了。

布莱恩继续说，他的语气很坚定："让我把话说明白，我不想你们任何人忘记测评今天晚上的工作，不要因为担心我们今天讨论的事情而影响各位的工作。"

他看了看乔琳和帕蒂说道："不用担心我们会把你们得到的小费收上来再重新分配给大家。因为说实话，我不认为这是我们应该采取的办法。我很确定的是，如果我们一直在进步，我们中的每个人都会更好。如果我们走原来的老路，我们大家都是输家。"他停顿了一会，让大家都认真想想他说的话，"好吧，开始工作吧。"

布莱恩说完，大家都回到了各自的岗位上。乔叫住布莱恩，让他到后面停车场聊几句。

努力劝说

乔似乎不是特别生气,但是肯定也不怎么高兴:"我希望你能明白你在做些什么。因为整个这件事,很可能就这样搞砸了。"

"你是这么认为的?"

乔果断地点点头:"这是餐厅经营的避雷针,我不希望你碰它。女服务员最在意的就是钱,如果你的手离她们的钱太近,她们会让你好看,到时你不好收场。"

"她们会怎么做?"

"首先,她们会撒泼打滚耍横,你想象不到她们的泼妇样儿,等她们像龙卷风一样闹腾够了,她们会辞职。"

布莱恩点点头,同时思考着。最后,他尝试着表达了一下自己的看法:"乔,我不认为这事真的跟钱多钱少有关。"

乔的眼睛瞪得老大:"尊敬的先生,这当然是因为钱的问题了。"

现在轮到布莱恩摇头反对了:"不是的,肯定不只是钱的问题。我的意思是,大家肯定都希望多赚钱。但是,他们有错吗?他们住在一个消费水平较高的区域,而他们的工资水平又比较低。换成是谁,肯定都希望多赚点钱,这是肯定的。"

从乔脸上的表情就能看出来他马上要脱口而出的话:"啰里啰唆,搞什么推理?你当自己是福尔摩斯呐。"

布莱恩笑了:"可不是嘛,机智如我。"

乔也笑了。

"不过话说回来，1小时多1美元改变不了他们的财务状况，对他们没有多大影响。所以不是钱的事，他们更在意的也许是自己对餐厅的贡献被认可和回报的感觉。"

乔迟疑了一下，他似乎理解了这里面的逻辑关系。他用一种说不上是怀疑的，还是讽刺的，抑或是两者都有的口吻，问了他的合伙人一个很重要的问题："所以，你的建议是？"

"你看这样行不行？"布莱恩笑着说，他是临时想出来的主意，"对于后厨员工和支持他们的人，还是按照我之前给的标准。"

乔的眉头微蹙，好像在大脑中计算自己要多付多少钱。布莱恩不等他回答便继续说道：

"如果餐厅的经营情况不断向好，咱们再进行调整，或涨或降，可以按月调整。这样的话，生意不好的时候你不吃亏，生意好的时候让员工分享红利。这能激励员工把自己的活儿干好。"

乔坐在那儿，盯着布莱恩，考虑着他的建议。最终，他无可奈何地摇摇头说："我真是不应该雇用你。"然后他笑道："只能这样了，咱们先试几个月，看是否行得通。"

对于自己提议的效果，布莱恩胸有成竹，志在必得。然而，两人都不知道的是，在未来的日子里，布莱恩并没有机会在场亲自见证结果。

意外来电

在一个周四的晚上,餐厅刚刚开始营业,生意非常不错。

特里斯坦接了个电话,然后喊布莱恩来接:"老板,找你的。"

布莱恩走到收银台,接起了电话:"您好,我是布莱恩,请问您是哪位?"

"我想预订一个12寸的意式香肠和凤尾鱼比萨。"

刚开始,布莱恩没想明白为什么特里斯坦没法直接处理这个订单,他正心里嘀咕着,对方继续说道:"你们能给我配送到旧金山吗?"

原来打来电话的人,是里克。

布莱恩强忍着喜悦的心情问道:"你到底是怎么追踪到我这儿的?"

"我给莱斯莉打了电话,是她告诉我在哪儿能抓捕到你。"里克停了下来,笑了起来。

布莱恩也笑了,还带有一丝好奇:"她还说什么了?"

"无非就是女性同胞吐槽抱怨的那些东西呗,对你忍无可忍,但是不得不忍之类的。"

布莱恩笑了。他迫不及待地想要跟莱斯莉说道说道。

里克继续说道:"话说回来,我听说你再就业了,所以我想应该给你打个电话。新工作怎么样?听上去感觉你很忙碌啊。"

布莱恩多多少少不太愿意在餐厅嘈杂的环境中跟里克通电话,当然有要面子的原因。另一个原因是,他不太希望这位不太友好的朋友插手吉恩和乔餐厅的事情。

"对了,里克,你给我打电话来,是有什么事找我吗?"布莱恩稍微有点不礼貌地打断了里克的话。

"我昨天跟威利·诺兰通了电话,听说你现在从事的行业,就想着给你打电话确认一下,你是不是脑子坏掉了?"

里克打过来电话,不会有什么好事,这一点布莱恩心里很有数。他很认真严肃地回答道:"莱斯莉没跟你说吗?"

"跟我说什么?"

"说我最近正在接受医生的治疗。医生怀疑我患了精神分裂症。"

电话那头儿没了声音。"哇哦。"里克不知道说什么好了,很尴尬,"哥们儿,在你身上竟然发生了这样的事。"

布莱恩不能任由这个看病的话题继续下去了,他说:"我跟你开玩笑呢,你这个笨蛋。"

里克大笑了起来:"好吧。真的差点被你忽悠了。"

到了饭点儿,来餐厅就餐的客户越来越多,几乎都坐满了。布莱恩得去帮助乔琳把一些餐桌搬到大厅里拼在一起,为一个盛大的晚宴派对做准备,此时此刻实在没心情跟里克闲聊:"我挺好的,但是现在挺忙。你还有什么其他的事吗?"

"其实我打电话给你,是有关于公司的事想跟你说。"

布莱恩完全没想到里克找他是公司的事:"发生什么事了?是关于JMJ公司吗?"

"不,是其他的事。要不你有时间的时候打给我?今晚我一直在家,不出门,而且一般我快到半夜才会睡觉。"

布莱恩告诉他,到家后给他回电话,大概是11点前。整个晚上,布莱恩都控制不住地在想,里克找他到底有什么事情。

抛来的诱饵

布莱恩的家离餐厅只有半英里地。下班后他开车回家,车开得比平时稍快一些。他到家的时候,莱斯莉已经睡着了。他很想叫醒妻子,问问她之前跟那个让人讨厌的里克·辛普森说了些什么。但是转念一想,还是算了,他直接给里克回了电话。

让人失望的是,电话拨打过去,无人接听。布莱恩使用了语音留言:"里克,你好,请在周四晚上给我回电话,我会一直——"

话说到一半,里克接起了电话:"嘿,不好意思,我刚才没找到电话放哪儿了。你怎么样啊?"

"我挺好的。"一时间,布莱恩差点不知道怎么回应里克的寒暄。

"你换了工种以后,感觉如何?我上高中的时候,在一个海鲜餐馆当厨师,大学的时候干过餐厅服务员。有时候还真想怀念那些日子。"

布莱恩对于里克的社交话术很吃惊,也很服气,所以耐心听了下去。"但是我必须提醒你,在餐厅工作可是个苦差事。有些人忙得跟热锅上的蚂蚁一样。"

布莱恩这时候接茬了:"忙,确实忙。毫无疑问,干10年的服务员,等于在办公室里干30年。"

"是啊,我父亲有一段时间失业了,我母亲就在餐馆当服务员,可给她折磨惨了。跟我说说你那个餐厅的情况。"

听到里克说了这么些接地气又感同身受的话，布莱恩的内心放下了防备，觉得跟他说道说道餐厅的事也无妨，所以接下来他完完整整地讲了一遍吉恩和乔餐厅的故事，以及他是怎么成了合伙人，为什么想要加入进去。他是如何在员工中尝试改革，试图在餐厅营造与他在JMJ公司那时营造的公司文化类似的氛围。里克还是老样子，不提出点反对意见就难受。

"虽然我不知道在那个行业能有什么作为，但还是祝你好运。"

"不过事实上呢，"布莱恩反驳说，"我已经看到了一些明显的变化，用过去我们曾用过的一些办法。"

里克继续发起挑战："一家小小的餐厅，再大的变化也没什么意思。你能分到多少好处？"

布莱恩发觉自己又一下子沮丧起来，回击道："那你说说看，我已经是这家餐厅的合伙人了，我要怎么才能得到更多的好处呢？"

"说说你投资了多少？30000美元？"

"12000美元。但是这并不重要。"

"不，布莱恩，这很重要。当作爱好去扭转一个小公司经营不力的状况，跟获得个人声誉和职业的持续发展，是不一样的，对此你应该心知肚明。"

里克的话，比平时更具攻击性。过去的那些小幽默和不合时宜的逗乐都消失了，取而代之的是，让人不快地直击要害。这时候，布莱恩才反应过来，他恨不得狠狠地踹自己一脚，为什么之前他没听出来，这位旧相识其实别有用心。

尽管布莱恩想结束跟里克的这次通话，但是他的内心非常好奇，里克为什么会突然给自己打电话？于是他转换了话题，说："对了，你不是说要跟我谈公司的事吗？"

"是，我知道你已经进入半退休和准退休状态了，不过我还是想打电话问问你，我有一个绝好的机会，你愿不愿意合作？"

超级诱惑

在接下来的一小时里,在电话中,里克详细地跟布莱恩介绍了他所谓的绝好机会的细节。有一家公司,规模比JMJ公司小一些,正在招才纳贤,需要一位首席执行官。

沙漠山地运动产品公司(以下简称沙漠山地)是一家地方连锁公司,主要经营范围是体育运动产品,在内华达、爱荷华、俄勒冈、犹他州和蒙大拿共开设了24家连锁体育用品分店。公司近5年的经营业绩不尽如人意,收入和利润都很不理想,目前在苦苦支撑中,亟待扭转局面,提升公司对潜在买家的吸引力。

虽然布莱恩对这个邀约,不只是一点点动心,但是他很快意识到,他不太能回到全职工作的状态,而且那样的话,莱斯莉就又得准备举家搬迁了。然而,话说到这儿,里克其实还隐瞒了两条重要信息,这两条消息足以让布莱恩心中的天平失去平衡。

"我还得告诉你的是,公司的总部在里诺。"

布莱恩还没意识到这个地点有什么意义:"我现在住在太浩湖,我不可能去——"

里克打断了他:"离你家只有18英里(约30千米)。"

这个信息足够让布莱恩再考虑一下了。

"是这样的,莱斯莉不想让我重新从事这样的工作。对于我当餐厅合伙人这件事,她已经算是相当通情达理了——"

里克再次打断了他,打出手里最后一张王炸:"事实上我已经跟莱斯莉沟通过了,我认为她不反对你接受这个职位。"

听到这个消息,布莱恩相当吃惊:"你跟她聊过这件事了?"

"今天早些时候,我跟她聊了这件事,我俩的交流很顺畅,至少在她说我是个笨蛋之后,我们谈得很不错。"

"她是这么说的?"

"她倒没说'笨蛋'这个词,不过意思是这个意思——"

这回轮到布莱恩打断里克了:"不,我是说,莱斯莉跟你说,她不反对我接受这个职位?"

里克犹豫了一下,答道:"不是她的原话。不过,她确实说了,听上去你会对这个职位感兴趣。她还跟我谈判,最好让你每周要有一天在家办公,或者要有一天是在这家公司南太浩湖中心区域的某家分店工作。"

布莱恩没说什么,这些内容对他来说信息量太大,一时没反应过来。

里克继续说道:"哥们儿,你的妻子真的太了解你了,而且因为某些原因,她还很喜欢你嘛!"

这句话把布莱恩逗笑了:"那是,不过我要是把她从睡梦里叫醒,她可能就没那么喜欢我了。我需要跟她聊聊,尽快给你回复吧。"

"不着急,你们好好聊。我现在可是没有其他合适的人选。我认识的人里面,还没有谁会傻到接这份差事。"

两人哈哈大笑,互道晚安,结束了这次通话。

全盘考虑

尽管布莱恩说会尽快给里克回复,但他还是耐心等到了第二天早上才跟莱斯莉聊这件事。他想让莱斯莉睡个好觉,同时也给自己多一些时间考虑该怎么跟她聊,他在心中默默祈祷这次沟通能顺利。

等到早上,他的思路逐渐清晰,他做出了决定:无论莱斯莉怎么说,都听她的。早餐时间的这次谈话,会对未来几年两人的生活产生重大的影响。

"亲爱的,昨晚你跟里克·辛普森通电话了?"布莱恩笑着问莱斯莉,急切地想听听她会怎么说。

睡眼惺忪的莱斯莉揉了揉眼睛,答道:"这么说,我猜你也跟他通电话了吧?"

布莱恩点点头:"嗯嗯,昨晚我跟他通了电话。"

"这个家伙让人讨厌不起来,我本来气得想要掐他的脖子,但是我突然意识到,其实他真的很关心你。"

布莱恩笑了,听妻子接着往下说。

"我跟他说了一点儿我的想法,他表示尊重。他表现得非常得体,他真的是一个让人又爱又恨的家伙。"

布莱恩笑着附和道:"嗯,他就是这么个人。"

莱斯莉一边给自己倒了杯咖啡,一边问:"那么,你对他的邀约,意下如何?"

"这正是我想要问你的问题。"

莱斯莉摇摇头,反驳道:"是我先问你的。"

布莱恩拗不过自己的妻子,只好先作答:"好的,那我先说。我的决定是,由你来做决定。"

"这不公平,你必须告诉我你真实的想法。"

"这就是我发自内心的想法。我不想做出任何违背这个想法的决定。"说到这儿,他环视家里的厨房,"虽然我热衷于解决问题,但是把你扔在一边,让你觉得我总是把工作排在你前面,我做不到。我不是故意这么跟你说的,我说的就是我内心最真实的想法。"

莱斯莉又揉了揉眼睛,她的睡意已去。她走到桌边儿,坐在自己丈夫身边,问:"你觉得大概需要多长时间?"

"什么多长时间?你是说体育用品公司的工作?"

莱斯莉点点头。

"往多了估计的话,一年半,最多也不会超过一年半。"

"你觉得应该多久就能搞定呢?"

他胸有成竹地答道:"八个月差不多,或者九个月。"

莱斯莉又喝了一口咖啡,郑重地提出下一个问题:"那么,你能赶上明年的滑雪季吧?"

布莱恩想了想说:"没错,我可以做出这个承诺。"

莱斯莉伸出手来握住丈夫的手,同时说道:"就这么办吧。"

随后,布莱恩与妻子一起讨论了一些附加条件。

每周至少要有一天时间,布莱恩必须在家办公。他外出工作的时间,仅限于周二到周四。其他特殊情况可以商量。

不过,莱斯莉提出的最后一个要求,让布莱恩措手不及:"吉恩和乔餐厅的事,你也不能直接撒手不管,必须想办法让你的实验继续下去。"

布莱恩虽然没想到，但是很乐意答应妻子提出来的这个要求，因为这说明她非常关心餐厅的情况，或者更确切地说，非常关心那儿的员工。

"你这么说我很高兴。我的想法是，在沙漠山地入职之后的一段时间内，我每周六晚上去餐厅看看情况，确保进展顺利。"

莱斯莉问了一个重要的问题："谁来接替你在餐厅的管理工作呢？"

布莱恩皱了皱眉头，说："其实刚才我一直在考虑这个问题，我现在能想到的最佳人选，就是乔了。不过我觉得，以后米格应该能胜任。"

莱斯莉抬了抬眼皮，思忖着布莱恩刚才说的话，问："你确定吗？"

"我确定。米格很聪明，受过良好的教育，对餐厅各方面的了解程度胜于他人。更重要的是，其他人都很尊重他。"

莱斯莉点头表示同意："那就太好了，希望这行得通。"

"这样的话，我应该会在三周内接手沙漠山地的工作，所以这必须行得通。"

权力交接

在随后的两周时间内,布莱恩一边致力于推进在餐厅开展的工作测评实验,一边手把手教乔暂时接手餐厅的管理工作。对他来说,乔可是个不小的挑战。

乔有着30多年根深蒂固的偏见,那就是,他不信任自己的员工。他始终认为,自己的职责是看管住"那些精神病人,别让他们毁了医院"。布莱恩不得不努力说服乔,其实他所谓的"那些病人"是理智的、清醒的,他们其实想要"医院"能够正常运转。

最终,布莱恩凭借两点成功说服了乔改变固有成见,一是前一段时间餐厅的营业额增长情况,二是他即将离职。

其间,他们进行了若干次较为艰难的交流。

"乔,你自己也看到了,员工就算没有提前到餐厅,至少也是按时按点的。大家齐心协力,一直忙到闭店时间,他们并没有像六年级学生一样,听到下课铃响的瞬间就跑出教室。客户很满意,营业额也增加了。你改变一下想法,对你来说又有什么损失呢?"

乔一边环顾餐厅,一边说道:"听我说,我在这儿大半辈子了,你才来了三个月,我想我承担的风险,要比你的大。"

布莱恩心平气和地提醒道:"你说得没错,但是,如果餐厅的状况又回到了之前的样子,你会怎么想?"

乔看上去有一丝受伤,布莱恩赶紧解释道:"我想说的是,现在员工在吉恩和乔餐厅工作的时候,很高兴。除了1小时11美元的工钱，他们还收获了一些别的东西。"

这时，一个念头突然击中布莱恩。那么，乔收获了什么呢？

"我觉得你应该加入项目中来，乔。"

乔似乎没听懂。

"乔，你如何评价自己是否成功？你对谁的人生产生了影响？"

"好了，快别说了，你那些破玩意我不感兴趣。"

"你说破玩意？"乔的这个用词，让布莱恩颇为恼怒，"你觉得我这是故弄玄虚的假把式？而你完全不需要了解？"

乔耸了耸肩。

"给我15分钟时间，暂时放下你的成见，配合我一下，行吗？15分钟就行。"

餐厅老板缓缓地点了点头。

"你跟我先说说，你的服务对象是谁？在餐厅里，你对谁的生活产生影响？"

"布莱恩，我可以配合你，但是你别让我回答这些问题。你就直接告诉我，你是怎么想的。"

布莱恩同意了："好的，我就跟你说一说，你会对餐厅的哪些人产生影响。其实，我想你在心中已经有答案了。这些员工对餐厅工作的依赖，比你以为的要多。当然，他们在这儿工作，能拿到工资，这很重要，我们不能否认这一点。但是，他们在这儿获得了成就感、自尊、智慧，也建立了社交圈子。"

此时，乔还想顽固地坚守自己的立场，保持怀疑的态度，但是布莱恩不允许他这么做。

"如果你觉得自己只是雇了一些不入流的人，他们根本不想在这儿好好干,或者他们只想完成被交代的任务,干活拿钱,那么你得到的,也就只能是这样的员工。"布莱恩觉得这时候不能对乔太手软,所以他继续说,"这么多年来你得到的,一直就是这样的员工,但是现在你有机会做出改变,做一些让员工看得见、感受得到的事情,这能让你重振餐厅。你的餐厅已经沉睡了几十年!现在选择权在你手上,乔!事实正是如此。"

乔起身去给自己倒了一杯咖啡,然后回到桌边,说道:"到15分钟了吗?"

布莱恩有些失望地摇摇头回答道:"我不知道。"

"我想,我们也许可以讨论一下,我接下来该怎样进行量化测评呢?"

布莱恩如释重负,他从桌上的纸巾盒中抽出一张纸,准备开工。

一个半小时之后,餐厅的两位合伙人就测评内容达成了统一意见,他们一共选定了四项内容,分别是每晚的营业额、小费收入、回头客数量以及员工满意度。有些项很容易测评,而有些需要定性评估和反馈。但是基本上,两人为乔的工作内容,以及对布莱恩的继任者米格的培训方案,搭出了框架。

重新定位

随着入职新工作的日子越来越临近,布莱恩逐步把自己在餐厅的职责交接给了乔和米格。临走前的一周,他每天晚上故意时不时地离开餐厅,而且离开的时间段越来越长,这样在他离职后,他的缺席才不会显得太明显。

在餐厅的最后一个晚上,打烊之后,员工都留了下来。华金带来了一个自制蛋糕,上面用西班牙语写着"再会布莱恩"。虽然离别的情绪不如他当时离开JMJ公司时那么浓烈,然而布莱恩惊讶地发现,自己竟然在这么短的时间内跟餐厅里的这个大杂烩般的团队,培养起了如此深厚的情感。

他对大家说:"我希望你们不要忘了,我还是这儿的合伙人呢,所以以后我会时不时地过来检查你们的工作状态,也可能用个假名字点外卖,或者乔装打扮一下,开车通过汽车餐厅的通道,看看你们有没有认真经营餐厅。"

大家都会心地笑了。

那晚,当他回到家时,此前的伤感很快被对即将开始的新职位的兴奋一扫而光。

第四部分

付诸实践

起死回生

沙漠山地的总部位于里诺，它是一家中等规模的公司，业绩不尽如人意，公司似乎只是想缩小经营规模。如今运动商品市场正遭遇公司兼并风潮——对此布莱恩太了解了，然而有意向购买沙漠山地的买家寥寥无几，而且现有的买家给出的报价极低。

因此，里克·辛普森越来越焦虑。他感到无力为这家公司争取到更高的报价，所以他得出结论，为了能够卖到一个更好的价格，应该先对公司进行整顿。"让我们给沙漠山地这头猪涂点口红，把它打扮得漂亮些。"这句话他不止一次对沙漠山地的股东们说过，但对方只是发出一声声苦笑和叹息。

虽然与加入吉恩和乔餐厅相比，布莱恩对沙漠山地的调研工作已经做得非常认真和细致了，但是入职前再怎么勤奋调研，也不足以让这位即将上任的首席执行官应对公司的现实问题。有些事情，只有内部人士才会知道，因此入职后，布莱恩才拥有了了解公司的新视角。

第一次参加公司董事会的时候，布莱恩得知公司在里诺总部的人员总数完全超出了他的想象。他估算的人数差不多是35人，而实际上有55人。这些人在有落地窗的总部里工作，窗外是整个城市的风光。布莱恩跟董事会成员讲道："于我而言，总部的工作人员数量是门店人员数量的两倍之多。我觉得总部人浮于事。"

在场的参会者纷纷点头表示同意，感觉好像这个问题的产生跟他们无关，或者并不是他们疏于管理，才出现了这个问题。

在仔细审核了公司的财务状况后,布莱恩坚定地认为,裁员或者调整员工的岗位,并不能解决目前公司存在的问题。首先必须想办法增加营业额,然后才会有潜在投资人愿意出价购买公司。如果营业额无法增长,即使有哪个买家愿意接手这样一个烂摊子,那么最终也会裁掉这些人浮于事的岗位。

跟管理层和资深员工开了一系列会议之后,布莱恩才意识到为何里克要向自己推荐这家公司。除了公司地点离太浩湖很近这个原因,里克还有其他几方面的考虑。

首先,沙漠山地在客户服务方面存在问题。董事会外聘的第三方咨询公司发现,在西部城市的11家体育运动商品公司里,沙漠山地的客户满意度位列第八。其次,公司对待员工的方式存在问题,公司较低的客户满意度显然与此有直接关系。大批员工离职,留下的员工要么消极度日,工作状态萎靡,要么未接受过专业培训,服务质量堪忧。

这个消息对于大多数首席执行官来说,几乎就是当头一棒。但是在布莱恩看来,这个消息颇为受用,听上去比优美的音乐还美妙。

实地调研

后来，布莱恩与直管下属和总部其他一些工作人员召开了一系列会议，然后布莱恩非常迫切地给自己预订了一张机票——这是他退休后第一次坐飞机，去公司分布在西部的几家大型门店实地走访调研。诚然，他非常重视第三方市场调研的结果，但是他也同样希望能够亲自到下面去走走，验证一下自己得到的调研结果是准确的、完整的。

布莱恩最希望见到的是门店总经理，他们可以帮助他构思并开展与他在吉恩和乔餐厅开展的实验类似的项目。然而，这次实地调研让他意识到，他想得太简单了。

具有讽刺意味的是，他见过的六七位门店总经理的职业素质都远超他的预期，至少从他们的简历和背景上来看是这样的。他们都接受过良好的大学教育，非常专业，工作履历也令人印象深刻。但让他感到不安的，是他们的工作热情。

尽管布莱恩能看得出，这些门店总经理努力调整了状态，来与自己这个新任首席执行官面谈，但是他们中的大多数对自己的工作受挫感和疲倦状态都很直言不讳。不出意外，他们手下的员工更谈不上有什么工作积极性。

如何寻找和聘用更称职的员工来门店工作，是布莱恩从门店总经理听到的最一致的难题。博伊西的门店总经理说得最到位："招聘到一个能力强，而且愿意接受1小时10美元工资的年轻人，实在是太难了。这年头，这点儿工资，连退休的人也招不到。要么人家根本不差这点儿钱，要么这些钱根本不够他们养家糊口。"他稍微停顿了一下,"还有一些人,简直是脑子不够用,压根当不了收银员。"

另一位里诺的门店总经理谈到了她当前的困境:"我花了太多的时间到处招聘员工,好不容易差不多招齐了,又有人提出离职,我就又得兼着收银员的活儿。一边当着收银员,一边还得完成周报统计,根本没时间考虑销售额和市场前景。我每天忙得团团转,根本无暇顾及其他事情。"

布莱恩问他们,为什么员工不断离职?他得到的答案模棱两可,也不怎么有说服力。里诺的门店总经理认为,原因在于工资水平太低。不过,布莱恩后来了解到,他们的竞争对手给的工资待遇并不比沙漠山地的高,甚至有几家还更低。尤金的门店总经理解释说,因为员工的职业发展很受限制,发展机会不多。拉斯维加斯的门店总经理则遗憾地把问题归结为,是学校的教育出了问题,没法为市场培养出合格的年轻人才。

布莱恩对这些说辞才不会买账。诚然,沙漠山地的部分竞争对手也面临着相似的离职率高的问题,但是也有几家竞争对手并不存在这个问题。那些不存在员工离职率高问题的公司,跟布莱恩预想得差不多,业绩表现都相当不错。

在这次调研走访过程中,布莱恩向每位门店总经理深入了解情况,同时,他也花了大量时间在门店里现场观摩,并亲自与店员交谈。而且,他还在一些消费者即将离店的时候,私下询问了他们一些问题。他想要把沙漠山地存在的特有问题,与整个行业和市场存在的共性问题区分开来。他也去了不少竞争品牌的门店,而且找机会跟店里的客户聊天。

像风一般的,布莱恩匆匆完成了系列调研。返回总部后,他开始酝酿挽救这家垂死挣扎的公司的改革方案。可以想象的是，改革方案的核心内容，正是之前他在餐厅开展的实验的内容，他对这些东西已经倾注了大量心思。

坚定的后盾

布莱恩从机场回到家,发现莱斯莉一直在等着自己,她脸上的笑意难以掩藏。

还不等布莱恩打招呼,莱斯莉脱口而出:"琳恩在太浩湖找了一份实习工作!整个夏天她都会跟咱们待在一起!"

听到这个消息的瞬间,布莱恩本来心里考虑着的工作的事,全都忘记了。不只是因为宝贝女儿从春天开始能在家里住一段时间而让他开心不已,还因为他的妻子说,如果之后他还需要出差,她可以陪他一起去。

接下来,莱斯莉对他说的话,更为他增加了能量和自信:"亲爱的,你知道琳恩为什么选择太浩湖的实习工作吗?"

布莱恩不太知道这背后的原因:"这个问题吧,我猜可能是因为咱们住在附近吧。"

莱斯莉摇摇头说:"可不是这样的。我知道跟你说实话不会伤你的心,真实的原因是,她经过了慎重的考虑,对比了好几个选择之后,才做了这个决定。"

布莱恩还是没能理解,所以他的妻子只好不再卖关子了。

"根本原因是,她对比了这几家给她录用通知的公司,考虑了在工作中被无视或忽视、不知道所做工作的价值或意义、工作业绩无法量化测评这三个让工作之痛的指标。她原话不是这么说的,但是我听了她的解释,差不多就是这个意思。"

虽然布莱恩努力隐藏内心的窃喜,但是此刻他已经飘飘然了,因为女儿居然还记得他提到过的理论,而且当时他只是稍微解释了一下。现在女儿在选择实习公司的时候,竟然能够把他的理论用于实践,避免选择一个令她痛苦的工作。这个消息给布莱恩带来的欢喜心情,可不只是一点点。

他和莱斯莉商量了一下女儿回来住哪个卧室,他们夫妻俩该如何欢迎女儿。然后,莱斯莉把关注点转到了布莱恩身上。

"现在可以说说你此次出差的情况了。"

布莱恩跟她说了有关门店总经理、员工、店铺和消费者的情况。与以往不同的是,他的语气较为平静,情绪很是克制,这很少见。

"有什么问题吗?"莱斯莉问道。

"我也说不好,我只是有点担心。"

"工作的事吗?"

"是啊,关于工作之痛理论的事情。"

"发生了什么事?"

"我还没想明白,我猜应该是我有一点担心,担心我想要应用的理论,其实在这儿并不适合。"

莱斯莉皱起了眉头:"我还是没太理解你的意思。"

"你听过有这么个说法吧:如果锤子成了你唯一的工具,那么你眼中的一切看起来都像钉子。"

莱斯莉点了点头。

"也许我这个理论并不适合每个人,或者是我眼里看到的钉子太多了。"

莱斯莉思考了一下,说道:"但是我并不这样认为。"

"你这话听上去态度非常肯定啊。"

"我当然非常肯定。相信自己,布莱恩。为什么你的理论在体育用品商店不能适用？或者说，在其他行业内的公司不能适用？为什么有人会对这个理论免疫呢？无论你是谁，英国女王也好，摇滚明星也好，如果你不能量化测评自己正在做的事情，如果你感觉不到自己的努力对他人起到的作用，如果你觉得没有人会在意自己所从事的工作，那么你肯定会因此受到伤害，感到痛苦。"

布莱恩眯缝着眼问道："你说这些，不会是为了安慰我吧？"

"假如我不相信你的理论，我也会这么说，为了让你好受些。"莱斯莉笑着说，"但是这次我肯定不是为了安慰你才这么说的。我非常相信你的这个理论，你也应该坚信不疑。"

莱斯莉注意到，自己的丈夫很认真地在听她说话。

"现在，睡觉时间到了。睡觉吧。明天咱们早点起床，还要去骑雪地摩托呢。"

故地重游

周六接近傍晚的时候,布莱恩已经等不及开车去餐厅看看了。他所看到的,相当令人感到惊喜。

在和莱斯莉骑完雪地摩托回家的路上,布莱恩跟妻子说:"我真的不敢相信,一想到能见到吉恩和乔餐厅的每个人,我太激动了。谁能想象得到?"这是他的心里话。

莱斯莉举手示意:"我能想象得到你会这么兴奋,这对我来说一点都不意外。"

"你是说你早就想到我会有这样的时候?说说看为什么。"

"那倒没有。我还是对你在餐厅当经理这件事感到吃惊。我不意外的是,你对餐厅同事的深厚情感。"

"真的吗?"

"那可不。这也是我爱你的地方。"

"那我希望,如果今天晚上我晚回家,你依然保持对我的这份爱。"

布莱恩抵达吉恩和乔餐厅的时候,大家正在做营业前的准备。虽然他只离开了一周,但是大家再次见到他的感觉,仿佛数月未见。

他很愿意与每个员工随意聊聊天,问问大家的近况,但是他最等不及想知道的是餐厅的经营状况。他先坐下来跟乔谈了谈。

"这一周以来,餐厅整体上怎么样?你不会辞职吧?"

"你认为如果我打算辞职的话,会穿着这件T恤衫?"

两人会心地笑了。

"整体上还算顺利。偶尔有点儿小状况，但是我坚持抓量化测评的事，我已经接受了这个事实：我真正的服务对象是这群在餐厅干活的蠢蛋。"虽然他的用词还是和以前一样粗俗，但是布莱恩相当肯定，乔说话的语气中流露出对餐厅员工的喜爱之情。

当被问到把员工当成鲜活的个体来对待的具体做法时，乔似乎有一些挫败感："说实在的，这比我想象得要难。"

布莱恩已经准备好听乔的借口或敷衍之词，但听到乔这么说，他又惊又喜。

"员工们相处得非常融洽和谐，我很难融入。乔琳和帕蒂，还有米格会给大家提出中肯的建议，我真的觉得大家并不需要从我这儿得到什么。"

布莱恩向乔保证，大家肯定需要乔，同时鼓励他继续尝试。这时布莱恩总算放下心来，虽然乔一时难以适应，还跟不上节奏，但是这些他曾经的员工们居然已经可以靠自身团队打造某种可持续的公司文化了。这让布莱恩大为意外。

布莱恩接下来跟大家分头聊了聊，问了问他们各自的测评进展以及生活中的变化。当然，他想花最多时间聊聊的人，是米格。

"乔适应得怎么样？"布莱恩开门见山，直奔主题。

米格有些犹豫，大概像是被要求在背后说老板的坏话。

布莱恩解释说："跟我说说无妨，米格。这样我才能帮助他，也能帮助你。跟我说这些，你并没有做错什么。"

这下米格紧张的心情放松了不少，他解释说："他跟之前相比有变化了。他工作更加努力了，而且致力于在我们中推行和应用量化测评方案，他对大家的态度也更亲近了，也更能融入我们了。"

听到这些,布莱恩很是高兴:"那么对你呢?他有花时间教你管理业务吗?"

米格先是点点头,但是布莱恩看出来他似乎不是很确定。

"是的,他时不时给我一些建议。"

布莱恩还没跟米格说自己的计划,这时机会来了:"未来几个月后,让你来当这儿的经理,你能准备好吗?"

从米格的脸上能看出他的惊讶:"你是说我来当经理?"

"对,你来当经理。"

米格耸了耸肩,说道:"我说不好。"他停了一下,问了句:"你觉得我可以吗?"

布莱恩肯定地点点头,没有一丝犹豫:"绝对可以!"

那天晚上晚些时候,在客户逐渐散去,餐厅的节奏慢下来以后,布莱恩带着米格开车出去了一趟。他们去了高山快车餐厅,就是布莱恩结束第一天在吉恩和乔餐厅的工作后,和莱斯莉一起去的那个地方。

进门之前,布莱恩让米格尽可能多地注意餐厅经营的各方面细节,包括优点和不足。

他们在那儿待了差不多一个半小时,一边观察,一边品尝水果派,喝咖啡和聊天。同时,他们做了各种记录,如餐厅的布局、食物摆盘和呈现的方式、菜单的设计、刷信用卡的处理流程等等。当然最重要的,是服务质量。

米格认为,根据他的观察,从整体上来看,餐厅的经营状况良好,但是接下来他还是提出了一些需要提升的方面。布莱恩觉得米格的观察很细致,也很有见地。不过他最希望看到的是,米格是否对餐厅事务有足够兴趣,以及他能否超越细节从全局上把握餐厅的经营状况。从这两个方面来考量,布莱恩认为,米格都通过了考验。

然后,布莱恩问了一个让米格意想不到的问题,但是这个问题米格必须考虑:"你觉得你应该怎样管理你的领导?"

米格没太理解布莱恩的意思,试探地问道:"你是指乔?"

布莱恩点点头,又解释了几句:"我不是说让你作为一名员工,向上管理你的领导。我的意思是,你要管理他的行为,协助他把工作的重心放在正确的事情上,这就意味着有时候你需要向他发起挑战。"布莱恩并没有急于想要从米格那儿得到问题的答案,所以继续说了下去,"关于乔,你必须明白,如果你想做什么事,只要你有足够信心,只要他认为你做的事对餐厅有好处,他会允许你去做的。不要因为他老板的身份而过于惧怕他。"

之后,布莱恩和米格又聊了一会儿。然后,两人离开了高山快车餐厅,开车回到了自己的餐厅。餐厅已经打烊了。他们走了进去,坐在空荡荡的餐厅里。

"所以,你想好了吗?"布莱恩问道。

"想好什么?"

"当这里的经理。"

米格看了看周边,回答道:"我想我可以做到。"

米格脸上的笑容,让布莱恩看出了他的真实想法。这一晚在餐厅的这个关键时刻,对两人来说都值得回忆,对米格个人来说更是如此。而对布莱恩来说,也少了一些对餐厅的愧疚感,他可以踏实地将更多工作的重心放在沙漠山地了。

调研报告

周二早上,布莱恩召集所有直属下级开会,向他们反馈自己从这次出差中收集到的信息和自己的评价。10点整,基本上高管团队的所有成员都已在公司的主会议室桌子旁落座,包括财务总监、两位负责门店经营的区域副总裁——本来应该是三位,以及分别负责客户服务、市场营销和人力资源管理的副总裁。

虽然这是他第三次与高管团队一起开会,但这是第一次由他主持会议,布莱恩打算全力以赴、放手一搏。

"我始终相信第一印象是最佳印象。我把上周的大部分时间花在了实地调研上,另外和大家也进行了一些深度沟通,现在我特别想赶紧把我看到的、听到的与你们分享,以免我来的时间长了,失去了我最初的洞察力。"

参会的高管看上去似乎不为所动,对布莱恩来说,这有点出乎意料。

"我的观察结果和由此产生的结论,都基于我与六名门店总经理、几十名员工以及差不多数量的消费者之间的沟通交流。我不确定我说得是不是都对,但是很欢迎你们向我提问,发起挑战。"他停了一下继续说道,"但是我想我应该没有太多不对的地方。"

正说到这儿时,第三位负责门店经营的区域副总裁走进了会议室,很明显他对自己的迟到并不在意。布莱恩没有明着说这事,而是委婉地点了他一下,说了句:"早上好,罗伯。"希望迟到者知道,布莱恩注意到他进来了。然后,布莱恩继续他的讲话。

"好的,那么我就从让我有些吃惊的事情说起。首先,我所见到的门店总经理比我想象中的要更加——"他停下来寻找合适的措辞,"有胜任力。他们很有经验,熟悉我们的产品,财务管理的水平也非常高。"

与会者中的一些人点了点头,但是其他一些人好像对于这个结论感到有些意外。然后,卢——一位个头不高、身材健硕的区域副总裁,说话了:"我想你应该去我管辖的几个店里看看。"

会议室里出现了轻笑和低语声。布莱恩礼貌地笑笑,继续说。

"其次让我意外的事,是有关我们竞争对手的实力。或者应该这么说,他们的实力也欠佳。根据他们从我们手中拿走的市场份额,以及他们的经营业绩来看,我本以为他们的店面要比我们的更大更好,他们挑选的产品更优质。但是完全不是那么一回事。"

现场在座的女士们和先生们,听到这个结果,真不知道是该引以为傲,还是该自惭形秽。

"因为之前我看了业绩报告,也同你们中的每一位都交流过,所以我没有觉得意外的事——"说到这里,布莱恩还是仔细地考虑了他的措辞,"我们门店员工的表现。就像你们中的一些人跟我说的一样,我们的员工看上去态度消极、散漫、迷糊。"

"我想你肯定去过我负责的那几家店了。"这话还是卢说的,他这次开口,引来了哄堂大笑,布莱恩也忍不住笑了。

"综上所述,我得出的结论是:沙漠山地存在着管理问题。"

会议室里的脑袋们纷纷上下晃动起来,对于这个结论,他们再同意不过了。

"也就是说，我们需要组织一些培训。"布莱恩说完停下来，等待大家的回应。

在经过了一小段令人尴尬的沉默后，公司的财务总监，一位穿着讲究的、大约年近50岁的女士，举了举手，并很快发表了自己的见解："我不知道你有没了解过，去年我们对门店总经理进行了大量培训。您刚才也提到，他们很懂业务。我花了整整两天的时间给他们培训如何定价和计算成本，他们都做得很不错。"

为了避免对方的抵触情绪，布莱恩不想立刻反驳她。他等了一会儿，想看看其他人还有什么想要说的。

人力资源管理负责人举手示意，她成功引起了布莱恩的注意："苏珊娜，你来说说看。"

"半年前我们组织了一次内容丰富的培训项目，一部分课程是面对面集中授课，另一部分是线上课程，内容覆盖业绩审核、高质量沟通和招聘面试。每一位门店总经理都参加了，我不认为再增加培训力度有助于提高他们的业绩表现。"

她稍微犹豫了一下，继续说道："我认为我们现在所面临的问题，只是招聘员工的问题。劳动力市场很缺乏高质量的员工。招聘这个活儿，真是个噩梦。"

布莱恩等她全部说完，考虑了一下自己该讲点什么："苏珊娜，我想我不能同意你的观点。我不认为我们的主要问题是缺少合格员工。"

苏珊娜十分客气地反驳了他，说："但是你不久前才说过，我们的员工素质不高。"

布莱恩进一步解释道："不，我是说他们的表现欠佳，但是员工本身的素质还是可以的。他们与竞争对手的员工相比，没有太大的差别。"

在场的大多数人都表现出较为困惑的神情，布莱恩甚至感觉到，他们可能都在想，这个人知不知道自己到底在说些什么。

"他们只是没有得到有效的管理，原因是他们的管理者对门店的管理不善。"

过了好一会儿，在场的高管们才意识到布莱恩说的管理者，正是指在座的他们自己。

第三位区域副总裁，看上去岁数跟布莱恩差不多，率先发言："布莱恩，不好意思，我不想让你觉得我是在反对你，但是你确实说过，你希望我们在不同意你看法的时候，站出来向你提出疑问。"

布莱恩点了点头，说："对，没错。放马过来吧，弗兰克。"

"那我就直说了。你才来公司几天，就得出了一些非常具体的结论。你确定你用几天的时间，就能断定我们的管理能力有问题？你当真如此自信？"

布莱恩摇了摇头，说："我不确定，但是我的自信建立在过去两周我对沙漠山地的观察之上，建立在众多公司存在管理问题这个事实之上。我不需要在拉斯维加斯干上半年给足球打气的活，或者在尤金卖上半年球鞋，才能得出这个结论。事实正是如此，我们的门店总经理，跟他们的员工一样，对工作感到迷茫和烦闷。"

新来的首席执行官的话观点鲜明，有理有据，高管们需要点儿时间来消化。

"那你想让我们怎么做？"问这话的是罗伯。

"我想让你们接受一些公司管理方面的培训。"

布莱恩看到一些人转了转眼珠,对此他一点都不意外。

市场营销副总裁是位名叫斯宾塞的大个子男士,这是他头一次开口发言:"我不知道在这个季度结束前,我们什么时候有时间接受培训。我是说,下周我们有展销会,下个月还要去亚洲推介产品。"

财务总监凯莉也加入了进来:"布莱恩,一件事紧挨着一件事,现在可是每年最忙碌的季节啊。"

苏珊娜顺着问了一个问题:"你希望什么时候完成这些培训?"

布莱恩看了表,答道:"午饭前,你们觉得怎么样?"

授之以渔

布莱恩用了大概20分钟,向与会者讲解了自己开发的"工作之痛"理论。这一回,他从"在工作中被无视或忽视"这一项说起,然后分别解释了"不知道所做工作的价值或意义"以及"工作业绩无法量化测评"。等到他讲完全部三项内容的时候,好多好多问题在排着队等待他来解答,当然,也少不了反对的声音,需要他来回应。

斯宾塞首先向布莱恩发起挑战,他的语气中甚至含有些许讽刺的意味:"我就直说了。你说我们应该像了解一个常人一样,去了解我们的门店总经理,告诉他们,他们对他人的人生能够产生影响,然后跟他们手拉手交心,直到他们想出某个测评自己成功与否的方案?"

对于斯宾塞的讽刺,布莱恩一笑了之:"你这样的理解和描述,听上去比我的原意要幼稚了一些。不过,你大概理解得差不多。"

会议室里鸦雀无声,布莱恩把此时此刻大家心中打的算盘直言不讳地说了出来:"我知道,现在你们肯定在想,董事会从哪儿把我这么个人给找了过来,然后还得赶紧算算找猎头帮忙换份工作,大概需要多长时间。"

大家哄堂大笑,音量超出布莱恩的想象,这也说明他的判断很准确。气氛虽然良好,但是局面有点令人伤心。布莱恩打算继续向前推进。

"你们觉得我打算怎么做?是来会议室,跟你们讲体育用品的市场营销策略？还是告诉你们某个价格策略，采用了以后销售量突然就上去了，同时利润率还不会减少？"

这本是个不需要回答的问题，但是罗伯抢答了："不错，我确实很期待你讲这样的策略。"

现场有几个人又笑出了声。

布莱恩微笑着摇了摇头，表示不以为意："所以，你是想告诉我，沙漠山地存在的问题，是由于现在正在开会的你们不够了解产品市场而导致的？是这样吗？你们需要的，是一位比你们更加高明的专业人士，给你们教授如何经营公司？如果这是问题的关键，那我们可就真的遇到重创，无药可救了。"

这些高管你看看我，我看看你。一切尽在布莱恩的掌握之中。

"我可以肯定的是，不会有这么一位高人来给你们教这些东西，在我看来，在座各位的聪明才智、工作能力和对行业的熟悉程度，绝对不差。但是很可惜，我们目前的状态很艰难。我想，现在留给我们的选择只有两种——要么认输走人，换个工作；要么就听听这个新来的首席执行官的荒唐想法，试着给我们员工的工作多产生一些价值和意义。这事儿由你们来做选择。"

布莱恩向后斜倚着墙站着，让会场的气氛慢慢缓和下来。在漫长且尴尬的十来秒钟沉默时间之后，凯莉开口了。

她对着布莱恩在白板上写着的理论要点，解释说："我想我们得承认，这有些道理。"

她停了下来，希望有谁能插句话，说点什么，但是大家似乎都没有这个想法，所以她只好继续说下去："我想表达的是，我们明明都知道，我们的员工对公司并不怎么满意，也并不开心。

至少目前还没离职的这部分员工肯定是这样的。而且，尽管门店总经理来到总部的时候，总是侃侃而谈，说得天花乱坠，但我们都能想象得到，他们回去以后，会回到老样子，挫败感十足。"说到这儿，她又进行了一些修正，"或者我应该换一个词，痛苦不堪，和他们手下的员工一样。"

罗伯点头表示同意："我手下的门店总经理已经快崩溃了。不过好在我听说，竞争对手的门店总经理也好不到哪儿去，也很痛苦。"

"不过，我必须要说，我手下的人没有那么差劲。"

说话的人是斯宾塞，不过感觉他说这话没有那么有底气。

苏珊娜问他："你当真这么认为？"

斯宾塞摇了摇头，说："至少给我的印象是这样的。"

苏珊娜继续说道："根据我手里掌握的数据，以及从门店总经理和店内员工的角度来看，在人员跳槽率和员工满意度方面，咱们的表现比平均值还要低一些。"

"你确定吗？"

她认真严肃地冲斯宾塞点了点头，看上去后者认可了她的结论。

布莱恩注意到大家逐步参与了进来，一部分原因是不想未来无望，也许是因为他们逐渐看到了理论的有用之处。至少布莱恩是这么对自己说的，所以他重拾话题。

"各位一定要相信我，这样才会看到改变。之前我对这个理论做过类似的实验。"

但是他故意没有告诉大家，所谓之前类似的实验，是他唯一的一次测试，地点是太浩湖高速路边上的一家很不起眼的意式小餐馆。

"这个办法能不能帮助我们的经营和业绩走出困境,我不得而知,但是一定会对某些方面产生有益的影响。"

他停了下来,发现仍然还有几位与会者持反对的意见:"当然,我们肯定会在产品本身、门店位置和定价方面不断努力和调整,但是说真的,我并不认为在这些领域会有太多改善机会,我确实不这么认为。"

布莱恩感觉到大家起初的反对和怀疑态度已经逐渐有所转变,尽管转变有些缓慢。他打算今天先到此为止。

"那么,现在,我又得扮成一个顽固分子的角色了。"他笑着说,"散会后,你们都花点时间好好考虑一下,我希望每个人都能给我反馈自己的态度,无论是支持还是反对。因为我们没法只实施一部分计划,而且如果我们做不到意见统一,那么也不会有很大的效果,如果有人坚持反对,那也没关系,我对事不对人。"

布莱恩对自己的游说表现和听众的反应并不是很满意,所以他再次向大家发起倡议:"我再说一点。如果大家实施这个计划,你们的事业会发生巨大的变化。每天结束工作后回到家,你将体会到从未有过的满足感。我可以向你们保证。"

说完这段话,他转身擦掉了自己在白板上写的字,就像大学教授下课后那样。

"之后的几天内,我都会在办公室恭候各位的到来,聆听你们的意见。因为只有知道了谁愿意参与,我才能正式启动这个计划。"

之后发生的事,真的让布莱恩始料未及。

应邀继续进行

正当大家起身打算离席的时候,斯宾塞说话了:"各位请稍等。"大家顿时停止了动作,会议室里又安静了,"我们为什么还要等以后呢,现在就可以开始。"

会议室鸦雀无声,显得斯宾塞的声音相当突兀。他继续说道:"噢,怎么听上去我这话说得有点不祥之兆,这可不是我的本意。"

大家都笑了起来。

"虽然我不能确定这不是一个好主意,但是,假如这是个好主意,那我们应该现在就进行验证。这样我才能决定,我要不要继续留在这个会议室里。"

卢跟他的态度一致:"我想在这儿再听听看,比回办公室自己坐着强。"

布莱恩询问了在座各位的意见,确认其他人都表示同意。"我这边没问题。"大家又重新回到会议桌旁坐下。

对于眼下的局面,布莱恩喜忧参半,情绪复杂。一方面,利用接下来的一小时时间,赢得团队的支持,要比会后一个一个找他们谈话更有效率。另一方面,如果他的计划不能取得成功,那么整个公司的内部管理会出现巨大的问题。

"好的,"他深吸了一口气说道,"谁想先发言?"

一鼓作气

无人应答。最终，斯宾塞举起了手。"那我就先来毛遂自荐——"他刻意停顿了一下，才补充完这句话，"推荐罗伯开个头。"

大家都笑了。

斯宾塞解释说："我可是认真的。我想我们应该先从区域副总裁开始，我想在罗伯后面发言。"

大家纷纷点头表示同意，所以布莱恩顺着说道："这样，罗伯，我是你的上司，我的责任是，让你感觉我对你很了解，帮你搞清你的工作相关性，也就是你的工作对其他某个人的意义和价值，以及指导你对自己的工作进行有效的量化测评。我们应该从哪一项开始说起？"

"如果给我500块，我就选不知道工作的价值和意义。"

同事们被罗伯的这个玩笑逗得笑出了声。罗伯很幽默，不过希望他也很开通，布莱恩心想。

"你为什么想从不知道工作的价值和意义说起？"

"我不知道，可能是因为'在工作中被无视或忽视'听上去有些荒唐，而'无法量化测评'嘛，要说我们现在缺少量化测评，恕我无法苟同。你看过凯莉撰写的追踪报告吗？"

大家又被逗笑了。

布莱恩本想反驳罗伯说的"在工作中被无视或忽视"很荒唐，但是最后决定先不作声，让罗伯说完。

"好的，没问题，那我们先从不知道工作的价值和意义开始。你先回答我一个问题：你曾经有过对他人的生活产生重要影响的经历吗？我不是问工作以外的你的家人或朋友，我是说在这儿，沙漠山地。"

罗伯正想要开个玩笑，布莱恩出声制止了他，说："严肃些，认真思考这个问题，哪怕你觉得它很无聊或相当愚蠢。"

罗伯认真地想了想，最后不得不承认说："那倒好像没有过。我想说，我待人友善，也愿意帮助门店总经理完成业绩目标，让他们能拿到季度奖金。但是，要说这对他们的生活有多大意义，我说不好。"他停了一下，继续说："我想这个答案是不会让你满意的。"

布莱恩笑着答道："差不多吧。但我接受这个答案，因为你说的是实话。"

他继续说："咱们先聊聊你负责的几位门店总经理的情况，你那儿最年轻或者工龄最短的门店总经理是谁？"

罗伯想了想，回答说："可能是在俄勒冈本德门店的佩顿。"

"好的，那给我们介绍一下佩顿吧。"

罗伯眉头微蹙，努力在大脑中搜集自己对这个年轻人所了解的信息："他是几个月前来沙漠山地工作的，大概30岁，当过8年兵。他刚入职的当周，就有两名员工离职，店里的营业额和利润率也都下降了。"

"那他情绪很受挫了？"

"我当然希望是这样的，但是和他沟通的时候，看不出来他情绪是否受到了影响。他在我面前总是表现得积极乐观，但我估计他的压力应该不小。"

"他成家了吗？"

罗伯想了一下后，回答道："是的，他结婚了，好像是有两个女儿，也可能是三个，还有一个儿子。"

听到这儿，在场各位脸上的表情已经不一样了，因为他们好像感受到了佩顿的家庭负担。布莱恩继续提问："你觉得这份工作对佩顿来说重要吗？"

"当然重要了，他得努力赚钱养家糊口，给孩子买奶粉和尿不湿。"

"你认为他对工作的成就感和满足感，会影响他跟家人和朋友的关系吗？"

"我说不好。"

"你说不好？这是什么意思呢？"说话的是苏珊娜，"当然会影响啊。"

她这么一说，罗伯突然有所觉悟："你说得没错，是的，这份工作对佩顿来说相当重要。"

布莱恩继续提问，就像在法庭上顺着线索向目击证人不断发问的律师一样："他的孩子都上学了吗？"还没等罗伯回答，一系列问题接连而来："他们上的是私立学校吗？有医疗保障吗？他和妻子名下有属于自己的房产吗？他们有计划全家人一起去度假吗？"

这一长串问题，问得罗伯笑出了声："我为什么要知道这些事情？我甚至都没法告诉你，我的家人今年是不是有外出度假的计划。"

布莱恩没有附和着一起笑，因为接下来他想表达的内容非常严肃："罗伯，这件事是这样的，我以为你对这些会了解得很深入。你完全可以对佩顿的生活产生非凡的影响，而且机会就在眼前。对于你分管的另外9位门店总经理来说，也是这样的。除了他们的伴侣，这个世界上没有其他任何一个人，会比你更能够给他们带来成就感和平和的心态了。"

会议室内非常安静，大家都在极其认真地听布莱恩讲话。

"这就是不知道工作的价值和意义的定义，我亲爱的朋友。如果你不认为这会影响到他们的工作表现——"布莱恩没有继续说下去，因为他觉得对方应该能懂。

刚开始，布莱恩跟罗伯说话的时候，罗伯看上去就像在挨领导批评一样，但是现在，他不住地点头。布莱恩和会议室里的其他人都看得出来，罗伯内心理解并且认同布莱恩所说的。

这时候，斯宾塞插话说："下次见到佩顿，我一定要给他一个大大的拥抱。"

全场为他的这句话而喝彩。

凯莉把布莱恩没说完的话说了出来："所以，罗伯需要了解他分管的门店总经理的日常生活，同时他得明白，自己可能对他们的人生有重大影响。"

布莱恩稍微更正了一下凯莉的话："他想要影响大家的人生。"

"没错。那说说量化测评的事情吧？"

"从我的角度来看，我们现有的测评项目已经非常全面了。问题在于，这些测评项目是否太多？测评是否足够及时？"

"那你的建议是？"财务总监提问了，语气中有一点儿反对的感觉。

"我们必须收集和分析各种财务和经营数据，为了更好地管理公司，这是理所当然要做的。不过，我想说的是，罗伯没法把这些数据应用于日常的员工管理工作中。应该有一些更加常规的、涉及具体行为的指标，能帮助罗伯更好地了解大家日常的工作表现。同时，要有一些指标，能让罗伯分管的门店总经理作为参照，对日常工作的表现进行自主评价。"

"那是什么样的指标呢？"罗伯问道。

布莱恩也不知道问题的答案："我不确定，这要看你们如何最有效地影响你们的门店总经理。"

卢问出了当天的最佳问题："布莱恩，作为罗伯的上司，你如何量化测评自己对罗伯的影响呢？"

大家都洗耳恭听，想知道布莱恩如何回应。布莱恩倒不需要太多时间思考这个问题的答案："我需要的信息是，罗伯跟他分管的门店总经理的沟通情况。我认为，他应该定期和门店总经理沟通，而不应只是通过发邮件或查看工作报告的方式保持联系。我一定会要求你们各位记录和跟踪与门店总经理的沟通。"他的目光看向弗兰克和卢。

布莱恩继续说："同时，我还会要求罗伯记录指导门店总经理的次数，包括对方打来电话请示问题，或者他主动联系他们，指出店里需要改善和提高的地方。我的看法是，如果罗伯在做上述工作，而且对门店总经理的工作情况持续关注并保持兴趣，那么事情一定会向着好的方向发展。"

斯宾塞又发言了："难道你不觉得应该关注利润率和库存状态吗？"

布莱恩倒并不在意对同一个问题再次进行回复，因为重复回答非常有助于大家更好地理解他的观点："我当然关注，但是不会每天都关注。因为你们也知道,管理工作是每天都在做的事,而公司发展战略、财务报告和规划不是。"

房间里不止一个人在笔记本上记录下了布莱恩说的这句金句。

"明白了。如果我想开展测评方案,我应该让我的下属们测评什么呢?"提问的人是罗伯,他看上去急切地想要知道答案,"我猜应该跟如何与员工相处、如何对待员工有关。"

布莱恩点了点头。这时卢插话道:

"最近我有一个体会,最优秀的管理者很少花时间在收银台,也很少直接服务客户,而是把大量的时间用于给予自己的员工即时反馈,指出他们的做法是对是错。"

"他们现在没有把大量时间用于给予员工反馈和回应,是什么原因导致的呢?"布莱恩问道。

弗兰克一针见血地指出了问题所在:"因为我们成天到晚让门店总经理写报告、做报表,但是从没教过他们如何管理团队。"

这正是布莱恩想要得到的答案。

虽然布莱恩还想继续说下去,但是他发现,对在场的人来说,当天的信息量似乎太大了,一部分人稍后还要参加另一个会议,剩下的时间并不多了。

"今天就说到这儿吧,下周咱们再继续。另外,罗伯,如果你能晚走几分钟,我会非常高兴。我们可以讨论一下能否以你分管的某个门店为试点,开展实验。"

其他人离开以后,布莱恩和罗伯留下来继续谈了一个小时,制定了实验方案。布莱恩惊喜地发现,罗伯的观点很有进取性,而且似乎这个爱开玩笑的高管非常认同自己的理论。

一气呵成

布莱恩和罗伯制定的实验方案中,有一项是,找个合适的时间,他们两人以及罗伯主管的某家门店的总经理,召集该门店所有员工,以如何改变管理方式以及提升对消费者的服务意识为主题,开展一次全员大讨论。

从一开始,布莱恩就非常喜欢这个安排。等他在太浩湖当地的门店做完一个非官方的小调研之后,兴趣就更大了。

事实上,这次的调研不是布莱恩自己完成的,而是由妻子莱斯莉代劳的。莱斯莉很爽快地答应了布莱恩的提议:"正好我想买运动鞋和雪地靴。"

那天她在店里的购物体验很有意思。

首先,她逛了足足20多分钟,才有销售人员来到她面前,问她是否需要帮助。其次,当莱斯利咨询某个产品时,销售人员没能给出答案,而且没有尝试去寻找答案。最后,莱斯莉选中的那双鞋是打折款,结果收银员却按原价给结了账。当莱斯莉指出对方的错误时,收银员竟然有些不快,因为她还得重新结一次账。

基于莱斯莉这次的购物体验,布莱恩不用花太多口舌,就说服了罗伯把太浩湖的这家门店作为项目试点的对象——罗伯称之为"介入疗法"。这家门店真是个不错的选择,不仅因为店里目前的员工留置率和客户服务存在着较为严重的问题,还因为这个位置离布莱恩的家很近,布莱恩可以很方便地监控整个过程。

一个周一的傍晚,也就是正式开启计划的前一晚,布莱恩和罗伯与太浩湖门店总经理埃里克见了一面,详细解释了他们正在尝试完成的计划，并帮助埃里克了解开展这个实验对门店业绩可能产生的影响。埃里克对这个计划感到非常不安，但是这丝毫不影响布莱恩的决定，因为他坚信，让大家感到一些不适应，正是公司发展所需要的。

第二天早上8点整，也就是门店开始营业前两小时，所有店员都到齐了。埃里克为了给会议腾出些空间，拆掉了一些放置在露营区的帐篷展示品，还把鞋帽区的试鞋凳挪了位置。

随着一起共事的时间越来越多，布莱恩对罗伯这个同事越来越欣赏。会议开始时，罗伯做的介绍非常精彩。

"感谢大家今天能来参会。今天把大家召集起来开会，是因为我们公司的经营出现了一些问题。我想对此你们并不感到惊讶。我们的营业额在不断下降，我们的竞争对手正在分走我们的蛋糕，我们的客户群在流失。同时，我们最优秀的同事，这几年也走了不少。"

他停了下来，好让大家有时间消化和接受这个严峻的事实。

"但并不是说所有门店的业绩都很差，有一些还是不错的。"他再次停了下来，以便接下来他要说的第二点能够突出且清晰，"但是我们的店，不在业绩不错之列。"

埃里克坐在罗伯的身后，此时，大多数员工的表情，也包括埃里克在内，都显得很不自然。罗伯继续说道："你们知道是谁的问题导致的吗？"

说到这儿，罗伯又停了下来，但是没等有人回答，他紧接着说："有你们的问题在里面。"他对着大家伙说道："我们店的员工，为消费者提供的服务质量，可以说不怎么样。"

沉默了一会儿，他继续说道："但是，更多问题出在埃里克身上。"他微微转向此刻有些吃惊的门店总经理,"毕竟,他是这家门店的负责人。"埃里克想要掩饰此时的心情,假装满不在乎,假装他早就知道罗伯会这么说,但是很显然,他没做到。

"不过,我本人比埃里克更应该为此担责,因为我是整个内华达州所有门店的负责人。"

说完这句话,他转向布莱恩:"这位是我们公司新任首席执行官。从现在开始,如果半年之后情况没有发生好转,到时候就是他的失职了。毕竟,他是整个公司的领导。"

罗伯最后停顿了一次,结束了他的发言:"因此,我想我们应该听听他怎么说,我们应该按照他的要求去做。因为看看我们目前的状况,我们也不用担心会失去什么了,因为我们也没剩什么了。"

然后,他把发言权交给了他的新领导:"布莱恩?"

"好的,那我继续说几句。首先,我想先问你们一个问题,你们不需要马上回答我,只需要仔细想一想。"他停了一下才提问道,"你们对自己现在的工作满意吗?"

布莱恩抛下这个问题,继续追问道:"沙漠山地的这份工作,你们认为算得上一份不错的工作吗?"

给大家留了一些考虑时间后,他试着让大家回答:"有谁想要先说说吗?"

随后大家都谈了自己的想法,有的人回答:"我不知道。"有的人回答:"也许算吧。"还有的人回答:"我觉得算一份不错的工作。"其中一个差不多20多岁的女生,她的回答最为真诚。

"我不是故意想泼冷水,"她看了看埃里克,继续说道,

"但是我真心不觉得这是一份令人满意的工作。"

布莱恩鼓励她继续说下去:"嗯,这不是泼冷水,你这样想,一点都不让人感到意外。我认为说出真实想法很好。那你能描述一样,你心目中的好工作是什么样的吗?你有认识的人对自己的工作很满意吗?"

她想了想,说道:"在我看来,好工作就是不用干很多的活儿,还能赚到不少的工资。"大家都咯咯笑出了声。

布莱恩追问道:"那么,你认为有谁拥有你说的这样的工作吗?"

"你是说在我认识的人里面?"

"也不全是,我想知道在哪个行业有这样的工作,是什么性质的工作,谁会从事这样的工作。"

"我不知道。"然后她好像突然意识到了什么,加了一句,"比如模特。"

布莱恩点头表示理解:"好吧。时装模特。有些知名模特收入非常高,但是似乎也没怎么辛苦地工作。确实如此。"

女生听到首席执行官对她的想法表示赞同,挺开心的。

"大家觉得大多数模特喜欢自己的工作吗?"

没有人应答,所以布莱恩接着说:"我的意思是,据我所知,他们中的很多人生活不规律,人际关系糟糕,甚至有吸烟或酗酒等不良嗜好。我不知道你怎么想,但是我从来都不会一边仰望着他们,一边内心感慨,这帮人的人生,真的是太美好了。"

大家笑了起来,纷纷点头,表示对布莱恩这话的赞同。

另一名员工举起手,发言道:"在我看来,当职业运动员特别好。"

布莱恩很高兴他能参与讨论，问："理由呢？"

"这个嘛，他们能在成百上千的观众面前做好玩儿的事情，还能拿到高薪。"

布莱恩点了点头，但是微微皱起了眉头："我想确实有一些运动员干着有趣的事就能拿到不错的收入，但是好像达到这种程度的是少数吧。而且在我看来，即便有很多人能达到这种程度，他们也没有你想象得那么开心。我是想说，他们中的很多人卷入家暴丑闻，或者吸食毒品，甚至到最后把钱挥霍一空。"

此时，埃里克说话了："你们中的很多人都知道，我曾在游骑兵队打过职业棒球赛，我打到了2A级，距离打大联盟赛一步之遥。但是你们相信吗？我那时的收入还不如现在呢，关键是，我也没觉得当运动员多有趣儿、多开心。除非是顶级球手，否则在小联盟打比赛真是个苦差事。"

埃里克的话让大家觉得很新鲜，也很意外。

后面不知道谁大声向布莱恩提了一个问题："那么请问，当首席执行官怎么样呢？听说是个好职位。"

这话引来了大家的欢笑。

布莱恩笑着回答大家："我不想跟你们说假话，我确实挺喜欢我的职位。但是我认识的其他首席执行官，可不是成天都美滋滋的。事实上，甚至可以说大多数首席执行官都处在郁郁寡欢的状态，这就是真实情况。"

布莱恩的这番话，让大家觉得很意外，或者说大家似乎有些怀疑。

他继续说道："你们认为好的工作体现在哪些方面？除了工资待遇，哪些因素能让一个人爱上自己的工作？"

在布莱恩的调动下,更多员工加入了进来。大家给出的答案五花八门,如舒适的办公环境、公平仁慈的老板、有自主决策权等。其中一位男员工给出的答案是最有意思的,他说:"我就是想赢,想成功。"布莱恩认为所有答案都在理。

"伙伴们,现在我不打算提问题了,我想跟你们分享一下我的观点,以及我们将要怎么去做。而且,需要提前告诉你们的是,接下来我所说的内容,可能不是每个人都愿意听。不过没关系,因为你们是来去自由的,没必要非留在这儿工作。如果你们想要退出我们的计划,我也不会因此而生气。但是,我个人认为,你们会喜欢这个计划。"

随后,布莱恩稍微停了一会儿,以制造些许悬念:"首先,我认为一个人应该喜欢自己的工作才对,而管理者应承担让下属喜欢自己工作的责任。所以,从现在开始,埃里克的主要工作就是,努力帮助你们喜欢和认同自己的工作,罗伯的主要工作是帮助埃里克,而我的工作是帮助罗伯。"

大家脸上的表情颇为复杂,怀疑和希望交织。

"其次,我认为一家公司理所应当要让自己的员工关注经营情况,并且努力助力公司实现良好发展。所以,从现在开始,每个人都要为沙漠山地和我们的客户负责,并为之采取正确行动。"

他微笑着继续说道:"我真诚地希望,未来的几周或者几个月时间里,愿意留下来的每个人都比现在更乐意来上班,客户比现在更愿意来购物,而我们的财务总监凯莉不得不拿出更多的时间来数钱和算账。"

员工们颇为礼貌地笑起来。

"下面，我说说我们要如何去做。"

之后，布莱恩针对"工作业绩无法量化测评"和"不知道工作的价值和意义"这两项的危险，讲了大约20分钟。他觉得"在工作中被无视或忽视"这一项埃里克明白就可以了，跟员工讲这个问题，可能会让情况变得复杂。

员工分成了两组，布莱恩和罗伯分别负责一组，讨论针对每个员工、每个岗位的量化测评项目，以及会对哪些人产生影响。差不多一小时以后，罗伯和埃里克发现员工的精神面貌好像提升了一些。

这时候，还差一刻钟就到营业时间了，布莱恩感谢埃里克和全体员工参加会议，告诉大家他会抽空来店面看看大家的状态，等膝盖的伤恢复了一些以后，他会来店里买一双跑步鞋。

跟罗伯一起离开门店的时候，布莱恩对自己理论的自信空前高涨，对这个理论能在沙漠山地产生的积极影响，他充满希望。

初战告捷

时间来到了两个月后,布莱恩和他的区域副总裁们走完了公司所有的门店,在每家门店,差不多按照太浩湖门店的模式,召开了大约两小时的动员会。不过,要想改变这么大规模公司中已经形成的公司文化,颇需要些时日,而经营收益的好转,需要更多一些时间。

有些门店从一开始进展就比较顺利,有几家情况不甚理想,则需要总部的管理者多下些功夫。有几位门店总经理选择不参加实验,而是离职,但绝大多数人选择了留下。

夏季的最后几周里,布莱恩花费了很多精力和时间,辅导他的高管团队如何指导手下的员工,特别是如何指导门店总经理。他在不同的门店之间穿梭,不断推进自己的计划。不过周一和周五他是不工作的,因为当初他曾向莱斯莉做出过承诺。

除了帮助公司去除"工作业绩无法量化测评"、"不知道工作的价值和意义"和"在工作中被无视或忽视"这三大问题,布莱恩还把大量时间花在了游说投资银行和董事会成员上,他认为如果太快把公司卖掉是个错误的决定,因为最终公司的业绩一定会大幅度提高,从而确保能卖个更值的价格。

最终,在加入沙漠山地即将半年的时候,布莱恩收到了期待中的好消息。在一次高层会议上,财务总监凯莉公布了这个消息:

"女士们,先生们,我们的业绩又开始增长了!"大家都兴奋不已,鼓掌庆祝这个好消息。

高歌猛进

在之后的三个月内，沙漠山地加速向好发展。原本确定关闭的两家门店保持正常经营，另外，在俄勒冈再开设一家大型门店的计划也已经上会讨论了好几次。

当然，向好的发展趋势还意味着，董事会和投资银行对于出售公司重新提起了兴趣。在为第三季度董事会会议做准备的时候，布莱恩喜忧参半，情绪复杂。

还是跟往常一样，每当遇到这种情况的时候，他总会跟妻子倾诉，寻求支持和帮助。

"董事会觉得我是个神人，因为现在沙漠山地能卖出的价格，比以前高20%，甚至能高25%。"

"这不正是他们请你去掌舵的目的吗？"莱斯莉问。

"是这样的，但是我认为公司业绩还会有更大的涨幅，所以现在卖掉公司是个不明智的决定。我还有其他的一些想法。"

莱斯莉故意皱起了眉头，说道："我对你的新想法感到有点恐惧呢。"

董事会在某一天的傍晚召开，里克·辛普森介绍了几个有兴趣购买沙漠山地的买家情况，他们的出价都比之前高。他汇报完以后，头转向布莱恩，询问他倾向于选哪一家。

"我认为西北体育运动公司是我的首选。"

绝大多数董事会成员都对这个想法表示吃惊，里克也不例外。

"但是西北体育运动公司的市场占有率不如其他几家公司，

它给出的报价很可能是最低的。我不认为卖给它是对的，布莱恩。"

"我完全支持你说的，"布莱恩对他的听众们做进一步的解释，"我的意思不是把公司卖给它，而是我们买下这家公司。"

董事会成员的反应，从震惊转到好奇。里克只是笑笑，没有发言。最终大家讨论的结果是，在未来数月内，沙漠山地继续自主经营，季度结束的时候再做决定。

12月如期抵达，董事会商议的主题，已经从几个月前的把沙漠山地卖给哪个买家，变成了如何实现公司的继续增长。这几个月以来，从业绩表现上看，公司每个月都有进步，市场占有率也持续提高。新年伊始，布莱恩带领整个重蓄了能量的高管团队，认真且严肃地制定收购西北体育运动公司以及位于加利福尼亚州的一家更小规模同类公司的方案。目前，这两家公司的发展堪忧，布莱恩及其团队非常有信心能够帮助它们重获未来，就像他们帮助沙漠山地一样。

然而很快，事情的发展突然来了个急刹车。

猝不及防

在新一年的首次董事会上,正当布莱恩准备把并购两家小公司的计划呈现给大家的时候,董事会主席宣布了一个消息:他已经同意把沙漠山地卖给一家零售商,对方是全国最大的零售公司之一,给出的价格比他们去年的预期价高60%。

这个决定,让布莱恩难以置信。

除了里克,没有人注意到布莱恩的震惊情绪,董事会主席甚至特意向布莱恩表达了祝贺,表示是他的劳苦功高,才使得公司卖得上这么好的价格。

会议结束后,里克和布莱恩一起去喝了几杯。

"布莱恩,我尝试过阻止他们做出这个决定,但是太难了。你要知道,公司让我参加董事会的原因,正是因为他们想要我帮忙卖掉公司。尽管我非常想让他们改变主意,但是那确实不是他们真正想要的。公司是他们的,现在他们就想把公司卖掉。"

布莱恩无意指责里克,但他还是忍不住反驳了一句:"但是我们完全可以找几个投资人,让他们收购沙漠山地所有的股份,或者其他什么方案。不是吗?"

里克点点头,说道:"是啊,然后你就可以继续当5年的首席执行官,然后以更高的价格把公司卖给一个更大的公司。你真想这么做吗?"

布莱恩考虑一下,说:"不想,如果我这么做,婚姻就保不住了。但是这样的话,真的太让人遗憾了。"

"遗憾什么呢?"

布莱恩这时候有点想不明白了："因为是那么多的门店员工努力工作才换来的这一切，而且他们很开心看到自己的工作状态变好了。这一切要突然消失了，我讨厌看到那样的场景。"

"谁说一切要消失？"

"行了吧，里克，接下来会怎样，你心里清楚。你认为一家市值有170亿美元的大公司，会愿意继续按我们的模式管理门店吗？"

里克摇了摇头，说："大概率不会。但那是一两年之后的事情。而且，你说得没道理。"

"为什么这么说？"

"我的意思是，沙漠山地的管理者还会继续他们的管理工作，他们会把你的管理理念带到新的地方。这才是关键所在，不是吗？"

布莱恩喝了口啤酒，然后说："也许是这样吧。我不知道。"

短暂休整

布莱恩花了几周的时间,对沙漠山地的工作进行了收尾,之后他又回到了待业状态。下一阶段的生活该如何度过,他和莱斯莉需要重新规划,只是这次他们的想法和以前稍有不同。

虽然两人也拿这事开玩笑,但是显然布莱恩不会再回到吉恩和乔餐厅当经理。但是莱斯莉看得出来,布莱恩不想再次开启退休人生,而是想要尝试新的冒险,一个有灵活性、又足够有挑战性的冒险。

在之后的数月内,布莱恩满足于和莱斯莉一同享受滑雪的乐趣,同时他时不时地在街边那家小比萨店露露面,看看老朋友,或者悠然自得、没有任何压力地翻看《华尔街日报》。

直到有一天,里克·辛普森又打来了电话。

再次登台

一家位于伦敦的豪华连锁酒店，需要聘请一位顾问，帮助它解决员工敬业度缺失的问题。这个问题已经明显影响到了酒店员工为客户提供的服务质量。

里克解释说："你要是能够帮它把离职率降低，哪怕降低一点儿，就能让它的财务情况大幅改变。你就有机会在更大范围内施展你的魔法。"他用玩笑的口气说："就借用6个月的时间，最多不超过7个月。"

对此，布莱恩无须和莱斯莉多聊，他们早就想出国住一段时间了，但是由于孩子们总是要学棒球、篮球、足球、芭蕾舞等原因，他们的时间排不开，出国的愿望一直未能实现。

"这种邀约要是咱们不接受，那肯定是脑子进水了！"莱斯莉明确表态。

六周后，夫妻二人已经正式搬到了位于伦敦市中心肯辛顿花园的公寓中，那一年之后的日子，夫妻俩极为享受布莱恩的工作：在欧洲大陆各个国家的五星级酒店开展市场调研和咨询工作。

让布莱恩最感到惊喜的是，他创建的能够消除工作之痛的理论，在另一个行业，在美国以外的地方，同样适用。不过，更令他开心的是，在某个傍晚，邮递员送来了一个从美国寄来的国际包裹。

从邮戳上看，包裹是从南太浩湖寄出的，再仔细一看，发件地址是吉恩和乔餐厅。莱斯莉正在厨房准备晚餐，于是布莱恩把包裹带到厨房里和她共享，打开包裹一看，里面放的像是两件吉恩和乔餐厅的T恤衫。他拿出T恤衫，摊开来看，一时之间他惊讶得竟然说不出话来。

　　T恤衫上印着两张笑脸，下面有一行字，写着："米格和乔餐厅：比萨和意面，这个、那个，全都有。"

工作之痛模型

让人痛苦不堪的工作

令人痛苦的工作，不能跟糟糕的工作画等号。

就像对美的认识一样，工作是否糟糕，取决于不同人的定义。有些人认为糟糕的工作是体力上要求很高、让人过度疲劳的工作，比如需要长时间在太阳下暴晒。有些人则认为工资太低的工作才是糟糕的工作。还有些人因为工作通勤时间太长，或者久坐办公室不动，所以觉得工作不好。是不是份好工作，全在于人怎么看，取决于不同人的性格、价值观和兴趣。

然而，每个人都知道让人痛苦不堪的工作是什么样子的。

这种让人痛苦不堪的差事，会让你害怕上班，不停地想要下班，它耗费你的精力和能量，即便工作量一点儿也不大，也还是会耗费你的能量。从事这样的工作，会让你越来越没有工作热情，会让你在早晨离家上班的时候，精神倦怠，毫无期待，而下班回家的时候，精疲力竭，神情萎靡，牢骚满腹。

令人痛苦的工作随处可见，比如在咨询公司、电视台、银行、学校、教堂、软件公司、职业足球队、游乐园等。而且涉及不同的职位，不管是在行政总监的大办公室，还是前台，还是收发室。

值得注意的是，工作令人痛苦这个问题，未必与实际的工作内容有关。正处在职业运动生涯中的篮球运动员，会受到工作之痛，而保洁阿姨在打扫更衣室的时候，却很有成就感。市场营销总监虽然年薪几十万美元，也会因为工作而痛苦不已，而为他提供用餐服务的女服务员，却有可能从自己的工作中收获到价值和满足。

这就是工作之痛，它毫无道理可言，没有谁能够对它免疫。

痛苦的代价

一份工作所含有的痛苦程度，很难被具体测量出来，但是我的经验告诉我，把工作视为痛苦之源的人，比能从工作中获得乐趣的人，要多得多。痛苦工作造成的损失，不管是从经济角度还是从员工自身来讲，都是巨大的。

从经济角度，如果员工工作态度消极懈怠，那么生产力会受很大影响，毫无疑问会影响公司盈利，甚至影响整个国家的经济发展。但是痛苦工作造成的社会方面的损失，才是最具破坏性的，因为这会造成很大范围的连锁反应。

一个在工作中感到痛苦的员工，接近凌晨才回到家，带着全身的疲惫、一脸的挫败感和满怀的厌世情绪，他一定会把这些负面的东西传播给其他人，比如配偶、孩子或朋友，或者公交车上的陌生人。即便一个人能够很好地管理自己的情绪，也明白他人不能帮到自己什么，痛苦工作所带来的影响也会渗漏到生活的各个方面。

这种渗漏会带来什么样的后果呢？可能会给家人带来更多的压力和紧张，让人看不到身边的美好风景。时间长了，人们的情绪和心理健康会受到很大的影响，造成不可挽回的损失。也有这样的情况，痛苦工作迅速导致显性问题，比如吸食毒品、酗酒甚至暴力倾向。

人们很难准确地估算痛苦工作带来的不良后果的数量或程度。当然，世界上并没有完美的工作，社会上也不可能不存在由职业引发的经济和社会问题。但是，如果能用一种有意义的方式减少工作的痛苦程度,因此而减少相应的损失和代价,是不是非常值得一试?

至少,我是这样认为的。而第一步就是深入理解造成工作之痛的根源所在。

三个根本原因

某份工作之所以会让人感到受折磨，是由于三个原因。这三个原因放之四海而皆准，适用于任何种类的工作，和工作的性质和行业无关。从字面就能清晰理解这三个原因的含义，而且看起来似乎很轻易就能解决其中涉及的问题。然而，让人遗憾的是，实际上很多公司的管理者都严重忽视了它们的存在。

在工作中被无视或忽视

如果一个员工不被公司了解，那么他在工作中就很难感受到成就感。被自己的组织或管理者所了解，因为自身特殊的气质和品格得到尊重，是每个人的需求。尽管这听上去很像《罗杰斯先生的街坊四邻》（*Mister Rogers' Neighhood*，美国1968年开始播出的一档儿童节目，连续播出了30年。——译者注）中的心灵鸡汤，但无疑这样说是绝对正确的。如果哪个人认为自己在公司里是可有可无的，是不受重视的，每天做的事情毫无价值，谁干都一样，那他不可能热爱自己的工作，无论他在什么岗位。

不知道所做工作的价值或意义

自己的工作对某个人很重要，这样的认知对每个人来说都非常重要，这对任何人来说都如此。如果看不到自己工作与他人幸福的关系，那么员工就无法获得持久的满足感和充实感。就算是最以自我为中心的人，也需要这一认知，自己的工作对某个人很重要，哪怕这个人只是他的老板本人。

工作业绩无法量化测评

员工必须自主测评个人的进步和对公司的贡献。如果员工工作是否优秀的评价，取决于他人的主观意见或者某一时刻的突发奇想，那么无论做出评价的人有多和善仁慈，员工也不可能感受到工作的满足感。如果没有一种看得见、摸得着的手段对工作进行有形的评价，那么最终工作的动力会消失殆尽，因为人们发现，根本不可能通过努力工作来掌控自己的命运。

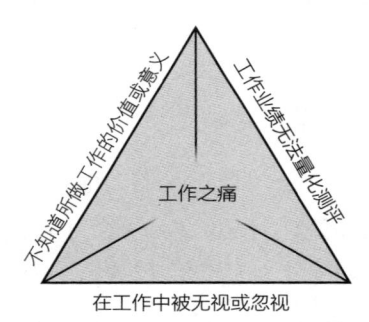

```
         不知道所做工作的价值或意义
                  /\
                 /  \
         工作业绩无法量化测评
                工作之痛
           在工作中被无视或忽视
```

这三个根本原因简单吧？太简单了。一点都不难理解。

显而易见吗？也许吧。

如果确实是显而易见的，那么为什么这个世界上有那么多的管理者不能做些什么来杜绝自己员工的工作出现这三个问题呢？

可能正是因为问题太简单了。要知道受过良好教育的人往往会把事情想得复杂，而忽略简单的解决办法。或许正如18世纪著名作家塞缪尔·约翰逊所说的，人们需要多被提醒，也可能是管理者不知道该如何着手去解决这几个问题。

无论是何种原因导致问题存在，请阅读本书以下章节，我将和读者朋友们一起深入探讨工作之痛的这三个根源，针对根源解决问题的好处，以及把每份工作都变得有乐趣、让员工收获充实感和满足感的策略。

管理员工敬业度的好处和障碍

好处

在制定具体项目提升员工敬业度之前,我们有必要先探讨的是,营造一种全体员工呈现高敬业度的文化氛围,可能会给公司带来怎样的好处。与此同时,是什么原因导致我们一直没能让公司实现这样的状态和成就,也值得深思。全员工作态度积极、能量充沛,可能给公司带来的好处包括:提高公司生产力,降低员工流动率和公司运营成本,以及打造与众不同的优秀公司文化。

提高公司生产力

那些能够在工作中收获满足感的员工,工作的热情和积极性明显更高,他们也会更加在意工作的质量和效果。其中很大的原因在于,他们在自己的工作中建立了主人翁精神和荣誉感。他们往往会更早出勤,更晚离开,主动承担本岗工作职责以外的工作,找机会提升自己的工作成效,这些都是主动去做的,不用管理者要求。

降低员工流动率和公司运营成本

简单地说,如果某份工作能够给员工带来满意度,那么他们会尽量在这个岗位上待下去,而不愿意离开,因为他们知道找到类似工作的概率不大。更重要的是,员工敬业度高,会为公司吸引到更多的优秀人才,有时是通过公司招聘的形式,有时只是通过员工的口耳相传,比如员工闲聊的时候跟朋友提到自己高涨的工作状态。于是，公司支付在招聘、雇用、留任员工和办理离职手续等的运营成本明显减少。

打造与众不同的优秀公司文化

有别于其他公司的高员工敬业度的文化氛围，对一个公司所产生的意义，怎么强调都不为过。在这个科技高速发展、信息快速传播的时代，通过具体的战略决策建立可持续的竞争优势，变得越来越难以实现。因此，打造独特的公司文化，比过去任何时候都更加值得重视。与众不同的文化氛围，对勇气和纪律的要求，高于对创造力和智力的要求。

如果管理者能够针对三个根源采取行动，减少问题，那么他们会有意想不到的收获。他们会发现，员工对自己同事更加关心和关爱，他们互相帮助，找寻工作的价值和意义，努力改善衡量自己工作业绩的方法，而且他们做这些事情，完全是自发的，无须管理者刻意指示或提出要求。

从本质上来讲，员工主动承担了消除导致工作之痛的三个根源的责任。而这种担当会让员工的工作更有意义和价值。这种独特的文化优势是无法复制的，如果可以持续发展，其他公司只有眼红的份儿。

障碍

那么，让如此多的员工、管理者，以及他们所在的公司，未能实现高敬业度的障碍来自哪些方面呢？

员工层面的障碍

员工往往难以获得工作满足感，这是由于他们过于看重一些方面，比如要赚到更多的钱，找到最合适的职业。难道钱或者职业选择不重要吗？当然重要。就算是这份工作我很喜欢，但是如果工资太低，根本无法养活自己和家人，那么当然会有问题。同时，如果你的理想是当一名木匠，结果却发现自己坐在办公室里干着会计的活儿，那么你对工作的满意度，也很难达到比较高的分数。

而且，就算有些人工资很高，从事的工作也是自己满意的，比如职业运动员、执行官或者演员，他们也会因为得不到重视，甚至被忽视，或者觉得工作对他人没什么价值，抑或是工作业绩很难实现客观评价，而对自己的工作感到痛苦不已。这个世界上不乏关于如何发财、如何找到好工作的建议和资讯，然而人们依然为工作而痛苦。与此同时，有人干的不是自己中意的工作，也没从工作中收获巨资，却实现了高敬业度，这往往是因为他们的管理者意识到并且采取行动减少了工作之痛的三个根源。

公司层面的障碍

对于管理者和所在的公司来说，消除工作之痛的障碍是不同的。问题经常是，管理者很晚才会意识到公司存在员工敬业度的问题，而当他们最终采取行动去解决问题的时候，却搞错了重点，没能抓住关键问题。

大多数公司只有到了员工开始陆续离职的时候，才意识到公司在员工敬业度方面出了问题。但不幸的是，在离职访谈的时候，员工大多会表示，离职的原因是新公司的老板给出的工资待遇更高。这就促使人力资源主管——在得到高层领导同意的情况下，提高工资和其他方面的福利待遇。但是他们忽视了这样一个事实，上一次他们给员工加薪的效果并不怎么好，工作满意度和公司生产力并没有持续性地提高。

当然，要离职的员工并不会跟原雇主无所不谈，面面俱到地详述离职原因。决定离职之后，他们才不会跟即将成为前任的雇主说实话，告诉他们自己之所以离职，是因为上司未能尽到管理职责，而上司的未尽其职，让他们因为工作而痛苦不堪。对于公司来说，只要换一种方式提问，就可以了。而且时间一定要提前，不要等到离职访谈的时候再提问。这个问题就是：是什么原因让你有离职的想法？

即便有时候，高管团队能够判断出，管理不力是员工敬业度不足的真正原因，他们采取的对策，尽管用意良好，却难以收到成效。他们采取的应对措施往往是开展管理层培训，要求管理者必须参加关于设定目标、撰写业绩评估报告、给予员工反馈等方面的培训课程。这些内容当然值得重视，但是这类培训课程的影响往往不会立竿见影，甚至经常收效甚微。

另一部分原因是，一般管理者很少在培训课程结束后就需要设定目标、撰写业绩评估报告或者给予员工反馈。公司通常都有既定的日程安排和工作计划，规定在某个时期完成某项事务。等最终到了管理者需要设定目标或撰写业绩评估报告的日子，他们也许早就忘记了培训课上学到的技能，也许会被眼前的重要事务分散了大部分精力，当然很可能是两种原因兼而有之。

管理者需要的，是灵活的、在内容和情感上跟员工的工作满意度直接相关的操作方法。这正是工作之痛三根源这一理念和相关实践派上用场之时。

情感方面的障碍

即便有些管理者理解并深知这三个根本原因的重要性所在，

他们仍然纠结要不要采取针对性行动，这是由他们自身存在的行为弱点决定的。意识到这一点非常有必要。

想要成为一个平易近人、善解人意的管理者，对员工关怀有加，帮助员工发现其工作价值，不仅要有一定程度的自信，还要有一定的情绪脆弱性（emotional vulnerability），否则，在跟员工闲聊的时候，往往会感到很不自在，或者无比尴尬。他们会误以为自己像幼儿园老师或者运动队教练跟小孩儿或者队员例行说加油鼓劲的话一样，因此可能敷衍了事。他们不知道，其实他们的员工——无论是哪个层级的员工，很期待这样的闲聊。

工作之痛的根源和对策

在工作中被无视或忽视

如果你身处某个公司或组织，你觉得这个公司的人熟悉你、了解你，那么你不太想要离开这个团队（对于一个家庭也是如此）。如果说有谁有能力欣赏他人的工作并且对其有积极的影响力，那么这个人无疑是基层管理者，也就是经理。是的，与首席执行官或者行政级别高出三级以上的执行总监相比，基层管理者需要真心关爱员工，这样才能提高员工的工作积极性和满意度。

真心关爱员工，具体来说，到底是什么意思呢？我曾听说有些管理培训师建议基层管理者听员工爱听的音乐，或者看员工感兴趣的电视剧。我觉得，有时候这种方式确实有效，但是似乎并非"到群众中去"的最佳办法。

首先，如果一个50多岁的分公司经理，在跟员工沟通时，用嘻哈音乐或者网络短视频做"热身"，会让人觉得太假，也显得很蠢笨。比如，我就从来没看过网络短视频。你想要通过这样的方式跟员工亲近，可是员工远远地就能嗅到你的虚情假意，他们会怀疑你有什么意图，然后刻意跟你保持距离。应用文化镜像理论（文化镜像是你所处的文化赋予你的一种形象。——译者注）产生的另一个问题是——假如真的有文化镜像这回事，文化镜像本质上就是普适的，是模式化的，而非关于个体的，因此反而会强化员工内心中个性不被领导重视的印象。

有一个比较不错的办法可以消除员工觉得自己不受重视的感

觉或他们的缺失存在感，那就是多去了解他们。花点时间与他们分别坐下来聊聊，问问他们的日常生活。有一些管理者条件反射性地回避这些话题，因为他们被告知在面试的时候询问这些问题是非法的。不过他们似乎忘记了，面试时被禁止问到的话题，在员工就职后其实是表现人类善良和仁慈心怀的最基本的形式。

　　但是，绝对不能虚情假意。我所说的管理者需要关心自己的员工，是指发自内心地愿意去了解对方、关心对方。要想有效地管理他人，就需要一定程度的共情力和好奇心。既能理解他们的诉求，也能大概想到他们为什么要早起来上班，他们如此辛苦是为了什么。你能如何帮助他成为更好的自己呢？

　　而且，熟识一个人不是一次性的事儿，也不是列个清单，干完一项画掉一项那么简单，而是需要持续加强、循序渐进。你知道某个员工的孩子喜欢跳舞，可是你有没有问问她上周五的舞蹈演出效果如何？你知道某个员工跟他的父母住在一起，可是你能完整地说出他父母的姓名，并了解二老的身体状况吗？感情的培养，绝非一朝一夕之功。

　　如果你觉得这些内容听上去有些虚情假意，那么不妨努力回忆一下，你有没有遇到过某位管理者，他曾经真诚地跟你闲聊，对你本人和你的生活表现出浓厚的兴趣。闲聊跟实际的工作，比如软件开发、产品生产线和公司的财务报表有什么关系呢？不妨再想一想，有哪个人每天从床上爬起来是为了编程、组装家具或者记账算钱？我们早上起床，是为了过自己的生活，而工作只不过是生活的一部分。每个人都希望被当作独立的个体来对待，而不仅仅是一个干活的员工。

　　如果你对我的这个观点仍然持怀疑态度，或者觉得不符合你的个性，那么不妨辞掉管理者职位，尝试找份能够让你发挥个人优势的工作。如果你同意我的见解，那么请你准备好，有两大困难等待你战胜。

不知道所做工作的价值或意义

人们经常会猜想，为什么那么多运动员、摇滚明星和演员的生活过得如此不尽如人意。令人遗憾的是，人们很容易把问题归咎于吸毒、酗酒或者对财富的贪欲，但是我认为这些只是表象，并不是根源所在。真正的根源是，他们不确定自己工作的价值和意义并因此而心生恐惧。

我以上述职业为例，是因为很难说清楚为什么他们会感到不幸福。他们的收入比大多数人的多，从事着自己热爱的工作，能够持续得到他人的关注，被众多崇拜他们的粉丝追随和拥护。有什么理由不幸福呢？而老年之家的护工、教堂的普通工作人员或者高中排球队的教练，赚的钱不及摇滚明星或者知名运动员的千万分之一，却可以感到内心的充实和快乐。我认为答案在于被他人需要的感觉——对他人的生活产生影响。

被他人需要的价值感，对我们人类来说非常重要，而且我们需要每天都被反复强化这一点。我们得知道自己是在帮助他人，而不只是为了自己才工作。

如果我们感觉不到自己在对他人的生活产生影响，或者说，如果我们发现在他人看来自己根本可有可无、毫无影响，那么我们的感情就失去了灵魂。事实上，每个人都有为他人提供帮助的需要。什么时候帮不到他人了，痛苦就产生了。

有些人反驳说，摇滚明星、运动员和演员，确实能够给他人的生活带来影响。我也承认他们肯定可以。但是，他们自己往往会产生迷失感，意识不到这种影响的存在，也不能很好地利用自己的地位主动对他人施加有益的影响。他们把自己的工作看作一系列只有自己参与的活动，而没有与他人的日常生活产生连接。

所有工作着的人，无论是摇滚明星、软件工程师，还是教师，都必须回答两个问题，才能明确自己工作的价值和意义。而他们的领导者或管理者的责任是辅助他们寻找工作的价值和意义。

谁会受益？

首先要回答的问题是：我帮助的对象是谁？最简单易理解的这类对象就是客人或客户。对于航班空乘人员、快餐店收银员、教师、牧师、医生、服务员、销售人员，答案非常简单。但是对于其他非服务行业的众多工作人员来说则需要思考，比如首席执行官、会计、出纳、IT公司总经理等，他们与客户之间的沟通相对要少很多。

对这后一类人群而言，答案经常会是"内部的客户"，也就是自己公司或组织的其他员工或部门。看到这里，有人也许想要反驳："我们公司的每个岗位，都是为了服务客户而存在的。"对于这一点我表示非常认同，但是也许你并不是每天都需要接触客户，因此并没有每天都对客户施加影响的机会，难得一见的客户能让你对工作产生持久满足感的可能性，也没那么大。

以首席执行官为例，针对"你对谁的人生产生影响"这个问题，他们的答案当然包括"整个高管层"。对于会计人员来说，问题中的"谁"很可能是财务部门的领导，或者公司其他需要得到财务方面支持和帮助的某个部门。而对绝大多数人而言，包括各位尊敬的读者，答案往往是自己的领导者或管理者。

这一点是千真万确的。听上去这好像违背了我们一直憧憬的"仆人式领导"理念，虽然我也很喜欢这个理念，但是管理者必须向他手下的员工表达清楚，员工的工作对管理者个人而言意义重大。突然之间，这个观点可能让人难以理解，人们想到的，大概是自私自利的管理者让手下的员工干各种跑腿和打杂的活儿，而且要求他们随叫随到。很多管理者忽视了员工的工作给自己的工作满意度和职业发展带来的影响。

这让人感到遗憾。除非员工真的认为自己的管理者一无是处，否则如果管理者向员工致谢，感谢他们，说他们的工作对自己个人来说意义重大，那么员工往往会感到极大的满足，工作热情会加倍。

回过来再想一想这个问题，是因为我们担心在他人眼里留下自私自利的印象，所以刻意回避，不愿意承认员工对我们帮助很大，不想让他们得到满足感。但是造成的后果是，员工会觉得管理者毫不在乎自己。

管理者应该用更加坦诚的态度对待下属。"在管理层会议上做汇报时，我引用了你提交的报告，参会的领导听了以后印象深刻，让我转告你，特别欣赏你所做的工作。我还想告诉你，是你让我和咱们部门脱颖而出的，获得了首席执行官的赞赏。真的非常感谢你为此做出的努力。"如果这样说，效果要远远好于说"你让我今天表现突出，我要是有朝一日飞黄腾达了，一定不会忘了你们这些基层小人物"。当然也比漫不经心地说一句"做得还不错"要好。

如果管理者对员工对于自己职业发展和工作满意度的影响假

装表现得不在乎，或者只是为了谦虚才向员工表达谢意，那么其实是剥夺了员工因帮助他人而获得的满足感和成就感。

如何帮助他们？

下一个需要管理者帮助员工回答的问题是："我是怎样帮忙的？"不过这个问题的答案，通常不是很明显。

一位在临近机场的酒店工作的客房服务员把早餐送到了客户房间，这时，他送的不只是食物，而是为一位离家在外、饱受舟车劳顿之苦的客户送上了慰藉。他的服务会对客户这一天的心情和精神状态产生不小的影响。

某位医生的助理，帮助病人找到了半年前看病开药的收据单，这时，这位助理为病人所做的，不是给了对方几张单据那么简单，而是为病人带来了内心的踏实，缓解了病人的医疗压力，而让病人寝食难安的，也许正是这种压力，而非病情本身。

读到这里，一些管理者也许会不以为意："客房服务员的任务不就是送早餐吗？医生助理做的，就是秘书工作罢了。"这正是我们想提醒各位的：如果管理者不能超越员工所做的工作表象，帮助员工搞清楚自己帮助的对象以及自己工作的意义，那么这些工作注定让人痛苦不堪。

我们要明白在西南航空公司（总部设在得克萨斯州的达拉斯，以廉价航班而被人们熟知。——译者注）工作的员工，与其他大型航空公司的员工相比，工作的内容大致差不多，但是在这里，员工的工作之痛却少很多。高中生在快闪汉堡和福乐炸鸡店打工干的工种，跟在其他任何快餐店没有太大差别，但是他们的工作满意度比别家要高很多。

差别不是由工作本身导致的,而是由管理造成的。管理者必须做的一件很重要的事就是,帮助员工认识到自己的工作对他人有帮助。虽然这听上去有点肉麻,但确实是人类之根本追求。

工作业绩无法量化测评

首先,你们也知道"工作业绩无法量化测评"是我自创的词语,在词典里查不到。我用这个词语来描述导致工作之痛的第三个原因,是因为没有其他现有近义词可以替代。这个词语的根本意思是,员工对自己的工作进展和成绩缺少清晰的感知和评价。这就导致了一个问题,即员工总感觉自己的日常表现和成绩取决于领导的主观评价。

问题在于,优秀员工不想把自己的成功建立在他人的主观评价之上。因为这样的话,员工将不得不把心思花在和管理者搞关系或取悦管理者上。而这是令人厌恶的,原因是多方面的,其中最重要的是会失去对自己命运的控制。能够对自己的进步和成绩进行测评的员工,会比没有机会这样做的员工,更好地建立工作责任感和敬业意识。

针对某项工作建立有效测评项目的关键在于,确保员工参与测评项目的制定,并且与员工服务的对象有关联。重要的事再说一遍,如果测评项目和员工工作的价值和意义没有关联,那么就会对员工造成误导,让他们感到困惑,不明白为什么测评的不是他们工作的重点方面。

真实的情况往往是,管理者把员工召集起来,给他们统一开个会,制定某个宏观的工作目标,比如公司营业额达到某个数值、缩减开支、提高股价等。

类似宏观目标的问题在于，员工的日常工作对这些目标没有直接影响。当员工发现，自己的日常岗位职责和公司制定的工作业绩评价标准之间，没有清晰的关联时，他们就会失去兴致，感到无力掌控自己的命运和前途。一些管理者会指责员工消极怠惰，对公司的发展根本不上心，但是他们并没有意识到问题的根源在于评价方式，员工渴望并且愿意接受的评价方式，应与员工的实际工作紧密相关。

这也是为什么很多销售人员对自己工作的满意度很高，很享受自己的工作，因为他们不必要依赖他人对自己成功与否的评价。到了一天即将结束的时候，甚至用不了那么久的时间，销售人员就会对自己当天的销售业绩心中有数。

体育运动是另一个容易测评的行业，虽然不被重视以及不能给他人的生活带来影响是这个行业突出存在的问题。设想一下，如果一场篮球赛没有记分牌，运动员全凭比赛裁判的主观评价决定最终哪一个队获胜，运动员是不是很烦恼和痛苦？

或者一名棒球投手，如果球出手后，没有数据来衡量这一投的成绩，全由教练看着办，那么投手会是什么样的心情？很遗憾，很多员工的工作业绩和表现，就是这么被管理者主观评价的。

与体育运动不同，商业领域的测评未必要有很多量化数据才有效，很多时候，严格且过度地使用量化数据对员工成绩进行监控，会让员工觉得测评与工作相脱节，会让人觉得测评项目是人为制造出来的。最有效和最适当的测评项目往往是行为主义的，也许只需要对客户开展非正式调查，或者只是对让客户满意的服务行为进行观察。

极具讽刺性的是，不必把测评结果与补偿和奖励挂钩，否则可能导致测评失去效果。实际上，心理学研究表明，将测评结果与工资收入挂钩，有时反而会减少员工的主观能动性。在具体情境中如何做，关键在于人们是否为了内心的成就感而渴望测评。优秀球员不会因为进球得分就做出一些疯狂的举动来庆祝，因为他们知道这些行为可能影响对手的心态。尽管他们并不会拒绝领取比赛的奖金，但是他们最享受的是在比赛中竞争的感觉。

有着愤世嫉俗心态的人，可能不同意我所说的上述内容。他们认为，销售人员都是那种有钱能使鬼推磨的人，他们一切向"钱"看。而事实上，很多优秀的销售人员最大的工作动机是获得胜利和实现目标。的确，这种目标跟收入是挂钩的，但是钱本身不是直接的目标，而是额外的奖励，这也是为什么很多销售人员还参与很多竞争性的活动、竞技运动或其他的比赛项目。因为他们喜欢竞争，享受获胜的感觉，无论是否有金钱作为回报。

个案研究

好，理论已经谈得够多了，是时候聊聊理论的应用了。接下来让我们看几个具体案例。

下面我将转述来自几个不同行业、不同级别的管理者如何调动员工工作积极性的亲身经历。有些案例非常简单、直白，很容易理解，而有些案例比较有特色，可能需要管理者的创造性理解和应用，不过所有案例都颇具可行性。只要你有勇气和胆量，只要你愿意为自己员工福祉而尝试一些不同的做法，这些案例一定会对你有借鉴意义。

案例一：市场营销副总裁

南希是一家中等规模软件公司市场营销副总裁，她的主要工作职责是负责公司的品牌建设、产品市场推广、公司官网的设计和维护，以及向公司首席执行官汇报相关工作内容。为什么她会遭受工作之痛呢？

在工作中被无视或忽视

很可能南希会有这样的感觉。这种情况在公司高层中很常见，南希的领导，也就是公司的首席执行官，往往没有时间，也没有意愿去了解直接下属的个人生活和喜好，而且往往认为没必要花费太多心思指导和监督公司高管。但是首席执行官应该明白，像南希这样的高管，跟一线员工一样，需要得到自己上司的关注和关爱，尽管他们往往不会直白地表达这种需求。这并不是要首席执行官以一种高高在上的领导姿态与南希促膝谈心,而是要对南希的生活和工作表现出真诚、诚挚的关切和关注。尽管这听起来让人觉得有些矫情,但是这对南希很有意义,有助于提升她的工作表现。

不知道所做工作的价值或意义

很多像南希这样的高管,最终都在工作中迷失了自我,难以找寻到工作的意义。如今她的工作收入不菲,也称得上事业有成,然而她却常常找不到自己工作的目的感和使命感。而作为南希的领导,首席执行官有必要帮助她把个人与公司的使命联系起来,让她明白自己对客户的重要意义所在,让她了解如何能对手下的员工产生影响,从而帮助他们更好地完成工作任务,取得事业上的发展。他还要帮助南希实现生活和事业的双丰收。

工作业绩无法量化测评

南希的工作并不缺少测评。因为高管手中大多掌握大量数据,而且很擅长把量化分析应用于工作中。然而,很可能大多数测评内容跟她工作的意义和目标关系不大。首席执行官应让南希测评她和手下沟通的进展情况,以及她负责的项目的一般影响。

顺便说一句,南希有一位行政助理,名叫珍妮。

案例二:行政助理

珍妮的岗位职责主要包括制定日程表、协调日常沟通和协助领导工作。她几乎不需要跟公司客户打交道,她的大部分精力用于拦截来访的人,因为不能让他们占用南希太多的时间。她觉得自己跟门卫差不多,地位低下,而且每天都要对很多人说

"不",这常常让她感到失落。

在工作中被无视或忽视

在这个例子中,"在工作中被无视或忽视"可能不是珍妮工作之痛的主要原因,但仍然是一个应该解决的问题。为了减少珍妮的痛苦,珍妮的领导应该主动关心珍妮的情绪、兴趣以及她的个人诉求。珍妮的职业发展道路并不宽阔,而通过培养领导和助理之间独特的"一对一"关系,南希可以为她提供个人发展机遇。

不知道所做工作的价值或意义

南希需要花些时间来提醒珍妮,正是由于珍妮的努力协助,才使得南希的能力得以发挥,才能胜任高管的职位。要让珍妮知道她对南希的事业有着重要和积极的意义,珍妮作为助理所做出的决定,对南希个人也很有帮助。当然,要避免让珍妮误以为自己的工作表现是否优异,取决于领导的情绪和态度,因此南希需要帮助珍妮制定一个尽量客观、有效的测评方案。

工作业绩无法量化测评

要想建立一种有效的可测评的体系,最好的办法就是,想一想珍妮在哪些方面对南希的生活产生了影响,这样做对公司的发展也有好处。测评的内容可能包括每周总结珍妮为南希参与战略规划、创造性思维、与公司核心部门沟通等重要事务留出了多少时间,为她规避了多少不必要的会议和干扰等。

顺便说一句,南希的出行安排是珍妮负责,珍妮也负责帮南希预订适合商务人士入住的精品酒店。

案例三：酒店夜班服务员

卡尔森在一家主流客户群体为商务人士的精品酒店当夜间客房服务员。他的直属上司是一位白班餐厅经理，他难得一见对方，他和夜班值班经理的沟通也并不多。卡尔森的工作时间是晚间12点到第二天上午6点，工作职责包括接受客户的点餐、准备好食物，并送餐到客户房间。另外，他还会协助夜间值班经理完成一些事务性工作，也承担酒店部分的夜间安保和维修的工作。

在工作中被无视或忽视

这很可能是卡尔森缺少工作敬业度的一个主要原因，因为他的工作极少涉及与其他同事的沟通或协作。因此白班餐厅经理需要专门找时间和机会与卡尔森接触，还需要使用某些替代性方式与他保持长期和稳定的沟通。白班餐厅经理也要与夜班值班经理合力，为卡尔森营造和睦、融洽的工作氛围，让他产生归属感。

不知道所做工作的价值或意义

这很可能是卡尔森工作满意度不高的另一个原因。卡尔森的经理需要帮卡尔森明白当他为客户提供服务时，是在应对客户一种非正常情况下的重要需求。很多时候，这些客户由于飞机延误或者搭乘红眼航班，才在夜晚抵达酒店，他们暂时还不能马上睡觉休息，或者可能感到身体不适。客房服务员的责任很特别，他们能让客户感到舒适和放松。相对于白班服务员，他们为客户提供的服务，其意义更加重大和持久。

除了对服务的客户产生影响，卡尔森的存在，对夜班值班经理的日常工作也有重大意义，他协助夜班值班经理完成一些事务性工作，还陪伴他度过漫漫长夜。

工作业绩无法量化测评

虽然卡尔森在工作时会得到一些客户的小费和表扬的话，不过对他的经理来说，有比小费更好的测评卡尔森工作的方式。并不是说卡尔森不需要记录客户给出的积极评价，而是还要考评一些别的方面，比如卡尔森处理客户订单和要求的时长，他还可以询问夜班值班经理，也就是自己的内部客户，自己工作的质量如何。

每周六的早上，卡尔森下班以后会去购买日常用品。

案例四：超市搬运工

安迪是一名16岁的高中生，周末会在超市打工，把客户选购的物品装袋，并帮客户搬到车上，他的顶头上司是银台经理。

在工作中被无视或忽视

安迪很清楚地知道，他处在超市生物链的底端，虽然他跟几个收银员的关系都处得不错，但是他并不觉得自己在经理眼中有多重要。在这种情况下，他的经理就应该想办法通过安迪在意的事情（比如橄榄球）跟安迪建立个人的关系。不经意地聊到旧金山49人队（也称旧金山淘金者队，是位于美国加利福尼亚州旧金山市的一支橄榄球球队。——译者注）或者从杂志架上的橄榄球杂志上找找话题，这些都会是一个很好的开端。最终，经理要跟安迪建立一种更为实在、真切的个人友谊，让安迪对超市的工作更加投入，对超市之外的个人生活也更加富有热情。

不知道所做工作的价值或意义

安迪很容易感到自己工作的渺小和不重要，这只不过是他周末打工赚点钱的方式罢了。他的经理需要帮他想明白,他如何对来超市购物的客户产生影响,以及如何对其他收银员的生活产生影响。安迪可以考虑如何让客户在结账过程中的体验更有趣。比如,告诉他们天气变化情况,或者体育比赛的得分,闲聊几句,说几句鸡汤或金句。如果觉得这听上去有些愚蠢,那么可以想一想这么做是否会提升客户的购物体验或者安迪的工作体验。优秀的管理者和公司不会因为一开始的愚蠢而不去做那些最终有意义的、与众不同的事情。

工作业绩无法量化测评

安迪遇到的问题,在服务行业的很多工作岗位上都会出现。经理要做的就是帮助安迪建立一种评估每天的进步和工作成果的新测评方式。这种方式可能是计算安迪逗得客户哈哈大笑的次数,也可能是让其他收银员感受到快乐的次数,还可能是安迪的工作减少了消费者从结完账到把购买的东西放到车上的时间。不管测评的内容是什么,一个重要原则是,安迪能够监控自己的成功,当他当天下班的时候,他知道自己这一天的工作表现如何。

对了,我之前提到过安迪喜欢橄榄球是吧?

案例五:橄榄球队的外接手

迈克尔是当地职业橄榄球队声名远扬的明星外接手。他今年25岁,每年收入420万美元,住着大别墅,乘坐包机打比赛,总是入住五星级酒店。

在工作中被无视或忽视

迈克尔,以及不少和他地位相同的优秀运动员,也在承受工作之痛，这个事实一定会让人们大感震惊。要说他们痛苦的根源，很大程度上和在工作上被无视有关，人们会更加不能理解。虽然现在迈克尔名声在外，受到诸多粉丝和媒体的拥护和追捧，但是他觉得在球场之外，教练对自己完全不了解，也谈不上关心。当初迈克尔转会到这支球队时，教练根本没问自己任何个人情况，也毫不关心他是不是适应新城市的生活。除了自己的伤病情况和训练数据，教练总应该问自己点儿别的东西吧。教练应该问问迈克尔在球场以外的兴趣和爱好，以及退役的打算。否则，迈克尔会觉得自己像个商品，虽然价值不菲，但也只是个可以被买来买去的商品而已。

不知道所做工作的价值或意义

很多像迈克尔这样的职业球员很少会考虑，也完全意识不到他们如何对他人的生活产生影响。他们认为他们就是在比赛，跟球场外其他人的日常生活没什么关系。迈克尔的教练需要帮助他认识到，如果球赛打得好，他就会给球迷带去很多快乐。有很多球迷工资收入并不高，但是斥资购买球赛门票，就是为了去现场观看自己喜爱的球队打比赛。支持的球队获胜了，他们能足足高兴一周多。有些球迷的疯狂程度不只是这些，但这就是现实情况，这正是迈克尔在场上挥洒热汗、竭尽全力奔跑、接球和抛球的动力。

而且，迈克尔需要知道，当他在球场上展示顽强的决心、强烈的竞争意识和体育精神的时候，给球迷签名的时候，诚挚地向球迷表达谢意的时候，球迷的内心会更加骄傲和自豪，为球队，也为自己。

除了对喜欢他的球迷，迈克尔还能够对整个球队的工作人员产生影响。不管是球队经理、总教练，还是球队助理，如果他们的球队取得了胜利，他们就会感受到满满的幸福感、成就感和职业安全感。这种感情也会极大程度地影响到这些工作人员的家人。如果迈克尔意识不到自己会对粉丝和球队工作人员的人生产生影响，那么他和他的球队就会错失一股强大的动力源。

工作业绩无法量化测评

测评这个方面的问题对于迈克尔来说可能不是特别欠缺，因为比赛结果能够显而易见地与成功与否画上等号。然而，凭借迈克尔个人，并不能掌控整场比赛，更无法决定球队在整个赛季的成绩，所以他需要为自己的赛场表现和个人行为寻找其他测评项目。比如，球场之外与粉丝的互动和与球队工作人员的交流，也许可以作为日常的测评项目。总之，迈克尔需要制定一个测评方案，帮助他评价自己对那些助益自己实现工作价值和意义的人的影响力。

嗯，正好最近迈克尔正在重新装修自己的家……

案例六：装修队工长

皮特是一家家装设计公司的工长，该公司一共有三位工长。皮特手下管着三个小组，共17名工人，负责室内建筑工程和设计重装。皮特的工作热情很高。

在工作中被无视或忽视

这对皮特来说不是个问题，因为他在这家公司已经工作了22年，与领导和同事的关系都很不错，他们把彼此当朋友。他的同事都很了解他，跟他的妻子关系也不错，在工作之外，他有事的时候，同事也很乐于帮忙。

不知道所做工作的价值或意义

皮特有时候并不太满意自己的工作。工作一段时间之后，他逐渐失去了刚工作时的那种激情，他意识到，他的很多客户——其中不少是有钱人，并不在意自己花费心血完成的装修成果。刚开始的那几年，他的领导总是反复提醒他，除了要监督工人干完具体的装修活计，他还要影响他下属的生活。在他手下干活的人，大多是没上完中学的青年人，或者是为了给孩子谋求更好的未来而移民来到美国的异乡人，所以皮特就成了一个很重要的人物，一个能够帮助这些打工人实现人生追求的领导。最终，皮特发现，自己作为他人经理和导师的角色，要比作为项目经理的角色更有意义和价值，尽管这两者之间有着密不可分的联系。

工作业绩无法量化测评

对皮特来说，测评工作成果也不是什么难题，装修预算和工期就是最好的指标，而客户通常都会很快给出他们的反馈和评价，而且客户一般会很快给出对装修情况的满意度评价（如果客户不满意，他们需要尽快修改方案）。至于如何测评他对员工产生的影响，皮特也没问题，他对自己留住员工的能力深感自豪。这么多年来，他一步步看着自己的手下攒钱买房、结婚成家、送孩子上大学等。员工总是满心欢喜地来上班，这让皮特感到非常欣慰。

顺便再多说一句，目前，皮特的女儿南希在一家中等规模的软件公司做市场营销副总裁。

行动起来

那么,你该如何把这个理论运用于实践呢?答案取决于你目前的职位。

如果你是一位领导

试着用下面三个步骤帮助你的员工减少工作带来的痛苦,提高积极性。

首先,你需要真实地做一个自我评估,问自己与"在工作中被无视或忽视"、"不知道所做工作的价值和意义"和"工作业绩无法量化测评"这三个方面明显有关的问题。

在工作中被无视或忽视:我真的了解他们吗?知道他们的兴趣爱好是什么吗?平时他们喜欢干点什么?

不知道所做工作的价值和意义:他们知道自己的工作会对谁产生影响吗?是如何产生影响的?

工作业绩无法量化测评:他们知道如何评价自己的进步和成绩吗?

然后,考虑开展员工评价,让他们提供信息,好让你知道自己给出的答案是对是错。

最后,制订计划,修正关于工作之痛三个根源的错误,可以像前面提到的那样,以一系列"一对一"访谈的方式,也可以是小组讨论的方式。但是最好跟员工解释清楚这三个原因,以及你的目的和打算,以免员工怀疑你别有用心。

如果你是员工、求职者、大学毕业生

你可以采取行动来提高你工作的趣味性。首先,与你的领导或者潜在的领导谈谈导致工作变得痛苦的三个根源，以及你想要避开这三个根源的愿望。大多数人都希望自己成为优秀的领导，如果他们发现不用付出太多，就能成为优秀的领导，那么他们通常愿意去改变自己的行为方式。

你不妨大胆地告诉你的领导："尊敬的领导，我最近读了一本有关员工敬业度的书，我想跟您分享一下。不是说您的领导风格不好，只是我想我自己可以把工作做得更好，也更喜欢在这里工作，如果您能够帮我做几件事的话。"

跟领导解释说，你希望被他了解，希望他知道你的兴趣和期待，希望他知道自己的工作会对他人产生怎样的影响，希望领导能帮你更好地测评成功与进步。如果你的领导对这些毫无兴趣，那你可以礼貌地笑笑说："不过也不是什么大事。"不妨翻出已经落了些尘土的求职简历，重新去找一份让你没那么痛苦的工作。

如果你正在求职过程中，那么可以问问面试你的人力资源主管，看看他对员工个人的情况是否感兴趣，问问他你的目标岗位如何在公司内部和公司以外对他人产生影响，以及你将接受哪些方面的测评。如果你听到的答案表明这家公司存在"在工作中被无视或忽视"、"不知道所做工作的价值和意义"以及"工作业绩无法量化测评"这三个问题，那么你应该猜得到，你在这家公司获得职位满足感的概率不会很大。

如果你是高层领导、人力资源主管、咨询顾问，并且你对于在公司内开展一个能够提高员工敬业度的计划很感兴趣

首先安排一个实用的短期培训项目，帮助管理者了解与三个根源相关的理论，然后帮助他们制订综合计划，并在各自的员工队伍中开展计划。

神圣的管理职位

我时常会觉得因为没有太多人从事跟"给予"有关的职业而感到遗憾,事实上,我也时常遗憾自己没有找一份完完全全为他人服务的工作。我打内心里对于那些在岗位上兢兢业业、勤勤恳恳的牧师、社会工作者和传道人士有敬仰之情。我也会扪心自问,为什么自己没能放弃自己原来的职业,转而从事类似的工作?

也许有一天,我真的会这么做,因为直到现在我还没有彻底放弃这样的想法,但是我认识到,所有管理者都能够,并且真的应该把自己的工作当成神圣的、虔诚的工作。

通过帮助下属提升工作敬业度,帮助他们履行工作职责、实现职业成功,管理者能够从情感上、经济上、身体上和精神上,对员工及其亲朋好友产生很深的影响。在此基础上,他们也能够创造出一种宝贵的公司文化,身处于这种文化的员工,也都能成为神圣的一分子,能够彼此施加积极的影响。

因此,我想,我真正觉得遗憾的,不该是没有太多的人从事神圣的工作,而是太多管理者不知道,其实他们本身从事的,就是这样的工作。

致谢

　　这本书能够出版问世，与读者见面，我要感谢很多人的帮助。

　　感谢劳拉，谢谢你对我无条件的信任，还要感谢你让我偷偷溜到酒店来完成我的写作计划。感谢我的儿子们，感谢你们理解爸爸不得不很晚才回家，感谢你们总是愿意陪伴在我的身边。

　　感谢我在圆桌咨询公司的同事们。感谢特雷西踏踏实实、坚持不懈的引导，以及你为此书的耐心付出。感谢凯伦在俄克拉何马的机场听我扯闲篇式的漫谈，让我产生了撰写这本书的想法。感谢艾米、杰夫、米歇尔、琳恩和艾莉森，你们让我的工作快乐无比，没有丝毫的痛苦元素。能有你们这样的好友，我很感恩。

　　我要把特别的感谢献给我的父母，以及我的哥哥和妹妹，你们始终支持并关注我的工作。亲爱的父亲，感谢您偶尔会跟我提及您对于痛苦工作的理解和认识。亲爱的母亲，感谢您对我的鼓励，也感谢您帮助父亲处理他工作上遇到的问题。文思，感谢你在我年幼的时候，跟我讲述了一些令人痛苦的工作。罗斯玛丽，感谢你正在与我一起从事特别的工作。

　　感谢所有与我共同工作过的同事，其中包括巴斯克餐厅、加利福尼亚共和银行、旧金山湾区的贝恩管理咨询公司、甲骨文公司和赛贝斯公司的员工或高管,无论是洗碗工、服务员,还是咨询顾问,抑或是公司高管。我能够保持工作热情,实现事业成功,理解由完成工作带来的获得感,你们都做出了很大的贡献。

还有很多的感谢要向以上这些公司里的基层管理者表达,他们包括弗兰克、安妮、史蒂芬、辛迪、布伦达、莉娜、托里、大卫、吉芬、约翰、安妮、杰伊、格雷格、梅格、罗伯、努森、盖理、麦克、南希、萨利、马克、珍妮特、米切尔,以及那些我已经记不住名字的人。

感谢Jossey-Bass出版社、Wiley国际出版集团伙伴们的热情和奉献。感谢苏珊、瑞贝卡、黛博拉、塞德里克、卡洛琳、埃里克、罗伯、拉里、迪恩、史蒂芬,以及所有分散在美国各地,为我的著作的问世和拓展销售市场做出努力的朋友。

我也始终对吉姆·莱文心怀感激,以及所有在莱文·格林伯格工作的伙伴们。我要特别感谢吉姆,感谢你对圆桌咨询公司始终如一的兴趣,才让我们有了今天的大不同,你从来没有停止过给我们制造惊喜。

感谢针对此书给予我反馈意见和分享观点的亲人和朋友,特别是阿尔和帕蒂。感谢格雷格创造条件,使得特雷西偶尔能在晚上加班帮我完成这本书。感谢马修、汤姆和丹尼尔,花费了很多的时间提出建议。

还要感谢其他的好友们——安迪、巴里、布莱恩、但丁、埃里克、杰米、约翰、罗伯,以及维尔,感谢你们对此书的内容很有兴趣,这对我来说,比你们想象中的更重要。

关于作者

帕特里克·兰西奥尼是圆桌咨询公司（Table Group）的创始人兼总裁，该公司成立于1997年，致力于帮助领导者提升公司发展，建立良好的文化氛围。帕特里克的很多理论和观点，得到了全球众多领导者的青睐，运用在众多行业的公司和组织中，其中包括跨国公司、合资公司、职业运动队、军队、非营利性组织、学校、教堂等。

帕特里克一共出版了11本畅销书，销量超过500万册。他的文章曾发表在《华尔街日报》《哈佛商业评论》《财富》《彭博商业周刊》《今日美国》等刊物上。

在创建圆桌咨询公司之前，帕特里克在Sybase公司担任执行总监，也曾经在Bain & Company和Oracle Corporation公司任职。

帕特里克和妻子生活在旧金山湾区，他们共同养育了四个儿子。

培训与咨询

克服团队协作的五种障碍导师认证课（第2版）
电子工业出版社世纪畅优公司获得美国Table Group独家授权举办
Table Group资深顾问导师亲临执教

为企业打造具有高凝聚力的卓越团队，为组织进行健康诊断，通过强化清晰度提高竞争力，这一切都需要在世界一流导师的培训下，通过学习与演练，获得权威的认证许可，提升培训与咨询能力 创造更大的价值。

克服团队协作的五种障碍工作坊（第2版）
Overcoming the Five Dysfunctions of a Team

（金字塔图，由上至下：忽视结果、逃避责任、缺乏承诺、惧怕冲突、缺少信任）

工作坊目标：致力于帮助企业建立高绩效的领导团队，极大地提高团队凝聚力与执行力，为提升组织健康打下基础。

一、真实领导团队工作坊
面向组织中一个真实的领

导团队开展。在真实领导团队工作坊中，设计了高度实操型团队测评、团队现状分析以及增进真实领导团队协作性的活动练习，能够真正帮助领导团队就团队使命、团队协作原则达成共识，朝向成为一个高凝聚团队的目标迈出一大步。

二、领导者工作坊

面向组织中来自不同团队的领导开展。在团队领导工作坊中，将以提升领导者团队领导力为目标，学习如何通过运用"克服团队协作的五种障碍"模型来提升他们自己所带领团队的凝聚力、团队协作的高效性，以及目标达成的执行力。

两个互动性很强的工作坊给学员提供了既实用又可以立刻见效的工具和策略，这些工具和策略还可以让学员在今后的工作中持续应用。

组织健康是组织唯一的竞争优势
Organization Health Is a Unique Competitive Advantage

打造组织健康的真实领导团队工作坊,是组织迈向健康的最理想起点。贯彻性咨询项目是提升组织健康度的有效保障。

(图:组织健康四原则
1. 建立富有凝聚力的领导团队
2. 打造组织清晰度
3. 反复充分沟通组织清晰度
4. 强化组织清晰度)

一、真实领导团队工作坊

领导团队工作坊针对团队领导及他的直接下属设计,具有高互动性高、推进快速的特点。开展工作坊能够使以组织领导者为首的领导团队有机会对其组织的健康度进行评估,建立领导团队粘性,并识别能够最大化组织优势的特定行动。

在工作坊期间,领导团队将深入学习兰西奥尼畅销书《优势》《团队协作的五大障碍》中的基本概念,并学习如何将这些理论概念付诸实践。两天的工作坊中,包括简短的讲解、实践活动的演练,以及为了落实组织健康四原则,针对参加工作坊的特定领导团队及组织自身开展的定制化的研讨。

工作坊中的团队活动与研讨,都针对参加工作坊的领导团队所在组织的真实商业活动而展开,工作坊参与者不会感觉他们仅仅是学习一种理论，或者学习与工作不相干。

二、提升组织健康度贯彻性咨询项目

在健康的组织中，领导团队团结协作，不存在办公室政治与混乱，整个组织都为了组织共同的目标而工作。

基于兰西尼奥的畅销书《优势》中的模型，咨询项目通过以下三个阶段，帮助组织定制化地设计出符合自身现状打造组织健康的行动路径，并保证所给出的行动路径可以在组织内长期确立并采用。

阶段一：建立富有凝聚力的领导团队并打造组织清晰度

阶段二：反复充分沟通组织清晰度

阶段三：强化组织清晰度

请扫描二维码，了解版权课程导师认证、版权课程资料销售、市场推广及相关课程交付服务。

电子工业出版社世纪畅优公司

+8610 88254180/88254120　cv@phei.com.cn

反侵权盗版声明

电子工业出版社依法对本作品享有专有出版权。任何未经权利人书面许可，复制、销售或通过信息网络传播本作品的行为；歪曲、篡改、剽窃本作品的行为，均违反《中华人民共和国著作权法》，其行为人应承担相应的民事责任和行政责任，构成犯罪的，将被依法追究刑事责任。

为了维护市场秩序，保护权利人的合法权益，我社将依法查处和打击侵权盗版的单位和个人。欢迎社会各界人士积极举报侵权盗版行为，本社将奖励举报有功人员，并保证举报人的信息不被泄露。

举报电话：（010）88254396；（010）88258888
传　　真：（010）88254397
E-mail：　dbqq@phei.com.cn
通信地址：北京市万寿路 173 信箱
　　　　　电子工业出版社总编办公室
邮　　编：100036